# 東大生が書いた世界一やさしい株の教科書

東京大学株式投資クラブAgents

PHP文庫

○本表紙図柄＝ロゼッタ・ストーン（大英博物館蔵）
○本表紙デザイン＋紋章＝上田晃郷

# はじめに

「東大生のくせして、株なんて親不孝だ」

私たちは、このような声をときどき耳にします。皆さんの中にも、株式投資に多少の興味を持ちながらも、株式投資などただのギャンブルであるとか、富裕層の娯楽であるなどといった否定的なイメージをお持ちの方も多いのではないでしょうか。

実際、私たちが〝投資クラブ〟を作る際にも、「興味はあるが、お金がない」あるいは「経済のことはまったくわからないから無理だ」と言って参加を見送った友人が多くいました。しかし、現実には数万円程度のお金さえあれば株を購入することができます。私たちも、アルバイト代を少しずつ貯めて、一人７万円ずつ出し合っているにすぎません。

また、株式市場とは経済・政治・その他世界情勢の動向を敏感に映し出したものです。したがって、株式投資を行なうということは、経済を中心としたその他諸々を含めた世界情勢に直に触れるということだといえます。「経済がわからないから株をやらない」ではなく、「経済がわからないからこそ株をやって経済を学ぶ」ことができるのです。

今、本書を手にされた方は、そんな株式投資という世界に少なからず興味を抱いている方だと思います。本書は、「今までの株に関する本にはいろいろ書かれすぎていて、何を基準にして投資をすればいいのかわからない」「堅苦しい文章では読む気がしない」といった声に合わせ、必要な情報を会話体中心の読みやすいスタイルで提供したものです。皆様にとって、株式投資という新たな世界への旅立ちの一助となることを願っております。

本書を書き下ろすにあたって、ＮＰＯ法人日本危機管理学総研理事兼経済・金融アナリストの津田栄氏、ソウエクスペリエンス株式会社代表取締役社長西村琢氏、そして学生ながらこのような出版の機会を与えてくださった川辺秀美氏には大変お世話になりました。心から感謝の意を表したいと思います。

東京大学株式投資クラブＡｇｅｎｔｓ一同

# 東大生が書いた世界一やさしい株の教科書◎目次

## Lesson 1

## 株ってどういうものですか?

# Lesson 2　銘柄を選ぶ決め手はなんですか？

## Lesson 3

## 株価はどうして上下するんですか？

## Lesson 4

# リアルに銘柄選択してみました

## Lesson 5

# 負けない投資法を教えてください

特別付録

# クイズで身につく株式投資力

本文イラスト――サノマリナ（ブックスプラス）

# プロローグ

これから紹介する3人は、東京大学株式投資クラブAgentsの株式投資入門講義を受けようとしている大学生です。

変わった講義を受けるなあ、なんて思わないでくださいね。現在、株式市場において個人投資家は確実に増えていますし、資産も自己責任で運用する時代です。今や大学生どころか高校生・中学生のうちからでも株を学ぶべき時代だといっていいでしょう。

だからといって、「大人の方はもう遅いよ」なんていうわけでもありません。株を通じて社会・経済の流れを読み解き、自社の分析もできるかも♪

必要なことを基礎からしっかり教えてくれるこの講義で、3人と一緒に株について学んでいきましょう。

登場人物紹介

**遊太くん**

関西出身のお笑い大好き人間。

明るい性格とモデル並の外見で合コンでの人気を独り占めしているが、ひと言多いため、あと一歩というところでフラれる日々。

お金が儲かりそうなものは一通り学んでいるので、株にはけっこう詳しい。しかし、親は株で失敗した経験があるらしく、株式投資に反対している。

**勤くん**

中高一貫の男子校出身で、勉強ひとすじの真面目な人生を歩んできた。

弁論部で鍛えた論理的思考に自信があるが、女性関係には論理が通用しないこともあって、いつも「お友達」止まり。

社会・経済をより深く理解したいという思いから、株式投資に挑戦する。

**彩ちゃん**

茶道をたしなむ大和撫子。中学校まではパリに住んでいて、英語とフランス語の達人というお嬢様。かわいらしい天然ボケを発揮して、周りの男性から注目を集めている。

株についてはまったくの初心者で、投資に対して少し怖いイメージを持っていたが、持ち前の好奇心から学ぶことにした。

**金七先生**（Lesson1担当）

　金八先生に憧れて教師になった。しかし、今一歩何かが足りない。

「『人』という字は両方が支え合っているように見えるが、明らかに長い線の方が楽をしている！　人間は孤独だ……」

　過去を話したがらないため、彼に何があったかは不明である。

**紀香先生**（Lesson2担当）

　化粧品会社から教師に転職。さまざまな男性との付き合いから、「株式投資の銘柄選びは、いい男を見抜くことと同じ」という大胆な主張を展開する個人投資家である。

　いい男も売りどきがくれば利食いするらしい……。

**株レラ先生**（Lesson3担当）

　日本マッスル大学を卒業後、ＭＩＴ（めっちゃいかついティーチャー養成学校）に留学。その後、株式運用の世界に転身し、今では「この人が動けば相場が動く」といわれるほど。

「株式投資が未来の日本を作るのだ」と、株式投資普及に尽力している。

# Lesson 1

# 株ってどういうものですか？

# 1時間目 What is 株?

## 株は、たぶー?

金七 さっそくだけど、株って聞いて、どんなイメージが浮かぶ?

遊太 やっぱ金儲けやね。

彩 うーん、何か遠い存在です。勉強の仕方もよくわからないし……。

勤 博打的で危険なイメージです。

そうだね。なんでもそうだけど、**物事には必ずいい面と悪い面がある**。株も同じだ。うまく使えば**資産運用のいいツール**となり得るが、一方、下手な関わり方をすると、大金をつぎ込んだ挙句、借金を背負う羽目になり、奥さん子供に逃げられて、たくさんいた友だちが手のひらを返すように離れていって……孤独に……。

（随分リアリティのある話だなぁ……）

でも、ちゃんと勉強して自分なりのルールを確立すれば、株は必ず君たちの役に立つ。それに、社会・経済を理解する上でも株は必要不可欠なものになってくるよ。それを、これから具体的に話していこう。

**◇一般的な株のイメージ**

・金儲け。
・難解でとっつきにくいイメージ。
・博打的・危険などといったマイナスのイメージ。

**◇実際の株式投資**

・資産運用として有益なツール。
・社会・経済の勉強になる。
・ただし、下手な関わり方をすると危険である。

## 株を発行する理由

株はどこから発行されているものだか知っている？　はい、遊太くん。

畑です。

一生耕してなさい。はい、勤くん。

株式会社です。

そうだね。じゃあ、なんで株を発行するかわかるかな？　はい、遊太くん。

ノリで。

窓から飛び降りてよし。次。

（なんで漫才してるのよ……）

うん？　誰もわからないか。株っていうのは、**「株式会社における出資者の持分を明らかにする有価証券」**と定義できる。

意味不明なんですけど……。

会社が新しい事業を開始するには、かなりの資金が必要となる。これを自分だけで用意するっていうのは大変なことだよね。だから他人の手を借りるんだ。

銀行から借りるってことですよね。

そうだね。会社が事業資金を調達するひとつの手段としては、銀行などから借りるというのがある。これを**借入**という。

そして、大きく分けてもうひとつの方法がある。これを**出資**というんだ。

この2つの差がわかるかな？

出資には返済の必要がありません。

そう、出資と借入との決定的な差は、**返済しなくていい**ということなんだ。借入は返済が前提だけど、出資には返済の義務はない。株の発行はこの出資を募るための手段なんだ。

まだよくわからないわ……。

出資というのは、会社に資金を提供し、その提供した金額に応じて会社の権利の一部を譲り受けるんだ。つまり、会社は出資してもらう代わりに株を出資者に発行する。そして**出資者（株主）は会社の権利の一部を所有する**。この**権利の証明書を株**というんだ。

えっ、つまり**株式会社は株主みんなのモノ**ということですか⁉　会社は社長さんのものじゃないってことですか⁉

その通り。君が株を保有すれば、その会社の一部は君のものになる。
本来はそうなんだけどねぇ……。日本では昔から社長以下経営者の力が強くて、株主の権利や立場っていうのは軽視されてきたんだよね。「１０００万株のうち１０００株持ったって、会社全体の１万分の１にすぎねぇや」という判断で。
まぁ、最近は小株主に対する対応もよくなってきているけど。

そうなのか。僕がトヨタの株を持てば、トヨタという会社の所有者の一員になれるんだ!!　なんだか株を勉強しようという意欲が湧いてきました!!

そうなんだよ。株主は会社の保有者なんだ。あのとき、あの会社も少しは

俺の意見を参考にして、あんな事業に手を出さなきゃ俺もあんな目に遭わなかったのに……。ブツブツ。

（この先生まさか……）

おっと。ついついぼやいてしまった。要するに会社が株を発行する、そして**上場**《じょうじょう》するというのは、広く資金を集めようという**資金調達**を目的とした行動なんだよね。

すみません、株を発行する意味はわかったのですが、上場とはどういう意味ですか？

日本では、会社が資金を広く集めやすくするために、証券取引所という株などの有価証券を売買する施設を設けているんだ。その**証券取引所で株を売買可能にする行為**を、上場という。

でも、どんな会社でも証券取引所に上場できるわけではなく、業績・時価総額・株主数などの面で審査を通った会社しか上場はできないんだよ。

## ◇会社が資金を調達する手段

**借入**

返済を前提とした資金の調達方法（例えば銀行など）。

**出資**

投資家が資金を提供すること。出資される側に返済の必要はない。

## ◇株とは？

出資をした株主は、会社の権利の一部を所有することになる。この権利の証明書を、株という。この財産的権利を表示する券を、有価証券という。

以上の点をまとめると、

「株とは、株式会社における出資者の持分を明らかにする有価証券」

となる。

## ◇上場

証券取引所で株を公開する行為。

上場することで、その会社の株の売買が容易になる。

じゃあ、次は株を買う側のメリットを見ていこうか。

# 2時間目 株式投資のメリットとは？

次のページの表を見てごらん。株式投資のメリットをまとめてみたんだけど。

ふーん、けっこうお得感満載やね。

そうだね。売買による差益の他に、配当や優待、経営参加まで、投資家にとってメリットは大きく分けて5つ。それでは順を追って見てみようか。

## 利益を還元——配当

まずは**配当**。これは**出資してくれた株主に対して利益を還元すること**をいうんだ。でも、一般的にそんなに配当利回り（95・96ページ参照）が高いわけじゃないけどね。大きな会社だと、だいたい1～2％台くらいだったりするんだ。

## 株式投資のメリット

| | |
|---|---|
| 配当 | ・株主への利益還元策のひとつ。<br>・株を発行した会社は、利益を上げると株主にそれを分配する。すなわち、利益が増えると配当は増額され（増配）、利益が減ると配当は減額される（減配）。 |
| キャピタルゲイン | ・株の売買による差益のこと。<br>・投資家が株を購入する上でもっとも期待するもの。 |
| 優待 | ・会社の利益還元策のひとつとして、株主に対して配当の他に自社サービスや製品を提供する制度。会社の理解向上や個人株主の安定化などがおもな目的。 |
| 経営参加 | ・株主総会で、会社の事業方針の決定の際に議決権を行使できる。ただし、保有株数の多さによって、権利の強さに差がある。 |
| 株式分割 | ・1株をいくつかに分割し、発行済みの株式数を増やすこと。株式分割によって株数が増えた結果、いったんは株価が安くなるが、投資家は買いやすくなるため売買がさかんになり、値上がりが期待できる。 |

えー、今の低金利時代の預金と比べればいいんじゃないですか？

……お前、前向きな人間だな。

（……先生が後ろ向きなんだと思うけど……）

## 株の醍醐味——キャピタルゲイン

じゃあ、気分を変えて次の話題にいこう。次は**キャピタルゲイン**。

キャピキャピボイン!?

お前の頭はウジでも湧いているのか。株の話にキャピキャピなボインが出てくるか。

そんな冷たくつっこまんでもええやん……（涙）。

キャピタルゲインっていうのは、つまり**株を買値よりも高い値段で売ったときに得られる利益**のことなんだ。そもそもなんで株価が上下するかわかるかな？

普通の物価の上下の理由と同じじゃないんですか？

みんなが評価している会社の株は買われて値が上がって、逆にみんなが評価しない会社の株は売られて値が下がるっていうことかしら？

うん、うん、いいね。つまり、将来性がある、業績がいい会社は、投資家にとっては魅力的な対象であり、投資家の多くがその会社の株を欲しいと思うわけ。

でも、発行済株式数には限りがあるから、株を保有している人から優先的に譲ってもらうには、今の価格より高い値段をつけなければならない。こうしてその会社の株価は上がっていく。

では、電話事業を例に挙げてみようか。ＮＴＴが１９８７年に上場した当時は、固定電話が主流だったけれども、携帯電話事業が拡大してＮＴＴドコモが１９９８年に上場した。その後、２年間でＮＴＴの株価はほぼ横ばいだったけれども、ＮＴＴドコモの株価は３倍強まで上がっている。固定電話から携帯電話への移り変わりを的確につかめた投資家は、しっかりとキャピタルゲインを得ることができたわけだ。

逆に、将来性に疑問を感じる会社の株は誰も欲しがらんし、今その会社の株を持っとる投資家は、早く処分して違う会社の株を買いたいなぁと思う。でも、今の値段じゃ買い手が見つからないから低い値段で売らざるをえない。こうして、株価は下がっていくわけや。

わかってきたねぇ～。会社がぐんぐん成長していくと、それと並行してその会社の株価も上昇していく。ときには買値の数十倍、数百倍にもなる。こうなると、あっという間に億万長者だ。けっ、何が野球選手だ。何がサッカー選手だ。一番すげーのは株の世界で勝ち抜いた俺だよ、とそんな感じになれるわけ。目指せ成金！

……と、暴走しちゃったけど、要するに、このキャピタルゲインが株式投資の最大の目的なんだ。最高のリターンってやつだね。

でも、怖いですよね。もしこれが逆だったら。自分の持っている株が10分の1とか紙クズになる恐れもあるんだもん。

リターンには必ずリスクがついて回る。世の常だよね。ここを把握しないまま投資をすると、痛い目に遭う。株価が下がっても、またいずれ上がってくると思っちゃって、そうしているうちにどんどん損失は膨らみ、売るに売れなくなって持ちつづける……。これが俗にいう**塩漬け株**ってやつだよ……。はぁ……。

（この先生、過去に失敗したな……）

## 株主への特典——優待

気分を変えて、次の優待（**株主優待制度**）の話にいこうか。

優待とは、投資家に株を継続して保有してもらうために、「うちの株を買って保有してくれた人には○○つけちゃいます。だから買って！」という会社側の熱烈なアピールなんだ。事業内容をより深く理解してもらうことを狙って、自社製品を配る会社が多い。じつはこれ、日本だけの制度というから驚き！

投資家の中には、キャピタルゲインよりも重視している人がいるみたいですし、あなどれませんね。

具体的には、どういうものが優待として株主に贈られているんですか？

ワタミなら１００株で６０００円相当の優待券、もっと特徴的なところを挙げれば、ヤクルトなら野球の試合観戦券、エイベックスなら株主限定ＣＤとかだね。

へぇ、種類が豊富でおもろいなぁ。

## 株主の権利——経営参加

次は**経営参加**の話。さっきからいっているように、株を買うことはその会社の所有者の一人になることだから、当然**経営に参加する権利を得ること**になるんだ。株の保有者は、経営参加の権利のひとつとして株主総会に参加できる。

株主総会っていうのは、会社側が株主を集めて、株主への配当や事業計画、取締役・監査役の選任など、さまざまな議題について株主の承認を得る場のこと。株主は、これらの議題に対して保有株数に応じた議決権を持っているんだ。僕らのような少数の株しか持たない一般の個人投資家にあまり影響力はないから、株式投資のメリットとして忘れられがちだけど立派な利点のひとつだよ。

そういえば、株の持ち合い解消で、以前のシャンシャン総会が改善されたって話を聞いたことがあるわ。

シャンシャン総会って？

朝にシャワー浴びたらスッキリするってことや。

それは「朝シャン爽快」！　シャンシャン総会っていうのは、会社の運営方針を株主に非難されるのを防ぐために、議長が質疑のないようになるべく早く議事をすすめ、株主からは賛成を意味する「シャンシャン」という手拍子しか聞こえずあっという間に終わってしまう株主総会のことだよ。

あ、あっさり、ボケが流された……。

## 値上がりも期待——株式分割

最後に**株式分割**の話をしよう。株式分割っていうのは、**株をいくつかに分割し、発行済株式数を増やすこと**。例えば、１株を２株に分割すると、その株を保有していた人の持ち株数は自動的に２倍になる。１０００株保有していれば２０００株になる。

すごいわ！　自分の持っている株がタダで増えるなんて、かなりお得ですよね。

でも、よく考えてごらん。会社の資産価値は、分割の前後で変わりはないから、株数は２倍になっても１株当たりの価値は半分になってしまう。つまり、株主にとって保有株式の価値に変化はないんだ。

じゃあ、結局分割してもしなくても、投資家にとっては意味がないということですか？

いやいや。分割によって株価が安くなった分、分割前は高くて買えなかった銘柄に手が届く投資家が増えるやろ。買いやすくなれば、人気が出てきて、株価が値上がりしやすくなる。結局お得やな。

お前、ときどきかしこいなあ……。まぁ、遊太くんのいう通りだ。さらに一歩踏み込むと、株価が値上がりしたことで、企業価値を計る上で重要な**時価総額（株価×発行済株式数）**が大きくなるのはわかるよな。これが、株式分割を行なう会社側の狙いなんだ。時価総額が大きくなれば、会社の信用度が上がって新たに株式や社債を発行しやすくなったり、銀行からの借入もスムーズにできるようになったり、敵対的買収の対象にもなりにくくなるなど、いいことづくし。

ほう〜。そこまでは気づかへんかったわ。

これまで株のメリットを見て、どう？　株って魅力的でしょ。配当にしろ優待にしろお得であることは間違いないし、売買の差益ならタイミングさえ間違わなければ相当な額のリターンを期待できるよね。そう、タイミングを間違えなければ、タイミングさえ……。

## 優待・配当の権利確定日

これまで紹介した、キャピタルゲインを除く株式投資のメリットを受けるための権利はどうやって決まっているか、わかるかな？

ある定められた日に株を保有しているかどうかでしたっけ？

そうだね。その権利が確定される日を**権利確定日**というんだ。株主として株主名簿に名前が記載される日で、**配当や優待を受け取ったり、株主総会へ参加する権利を得られる日**ということだね。権利確定日は、３月、９月の月末に集中しているよ。

ただし、権利確定日当日に株を買っても権利を得られないことに注意して欲しい。権利付き最終日といって、権利確定日の３営業日前に購入しておかなくては、株の所有者名義が変更されず、権利を得られないんだ。

その翌日を権利落ち日といって、仮にこの日に売却しても権利は確保できることから、この日は株価が下がる傾向にあるね。

３営業日前というのは、３日前ということですか？

いや、営業日というのは、証券取引所が営業している日のみを計算するんだ。次のページの表を見てごらん。

市場が営業してるのは基本的に平日のみやから、土日祝日には要注意やな。

そういうこと。３営業日前と３日前の違い、わかったかな？

よくわかりました！

## 3日前と3営業日前の違い

| 日付 | その日には一体何が？ | 日前 | 営業日前 |
|---|---|---|---|
| 25日（水曜日） | 権利付き最終日。配当の権利を確定するためには、この日までに購入することが必要。 | 6日前 | 3営業日前 |
| 26日（木曜日） | 権利落ち日。この日に購入しても月末の配当は受けられない。 | 5日前 | 2営業日前 |
| 27日（金曜日）祝日 | 証券取引所は休み。 | 4日前 | |
| 28日（土曜日） | 証券取引所は休み。 | 3日前 | |
| 29日（日曜日） | 証券取引所は休み。 | 2日前 | |
| 30日（月曜日） | | 1日前 | 1営業日前 |
| 31日（火曜日） | 権利確定日。この日に株主名簿に名前が記載される（配当がもらえる）。 | | |
| 約3カ月後 | 配当が届きます。 | | |

31日火曜日を権利確定日としたなら、その3日前は28日土曜日になる。しかし、3営業日前の場合は、証券取引所が営業している日のみを計算する。つまり、27日金曜日は祝日のため証券取引所が休みであり、土・日も証券取引所が休みであることから、31日火曜日を権利確定日とした場合、その3営業日前は、25日水曜日となる。

なお、この場合、25日の取引終了時に株を持っていれば、26日の朝一番に株を売却しても、配当・優待はもらえる。

# 3時間目 株式市場ってどんなところ？

## 株式市場というフィールドとルール

ところで君たち、株式市場は日本にいくつあると思う？

えっ？ ひとつじゃないんですか？

そう。日本には、札幌、東京、名古屋、大阪、福岡の5つの市場があるんだけど、主要なものはこれだな。

東京証券取引所（1部、2部、マザーズ）
大阪証券取引所（1部、2部、JASDAQ）

へぇ、株式市場って複数あるんですね。どこで取引すればいいか迷っちゃう。

うーん、これだけ市場があるけれど、有名な会社は大体複数の市場にまたがって上場しているね。その中でも東京証券取引所（東証）が一番大きくて、上場会社数、及び売買高も約60％を占めているんだ。君たちが知っている会社のほとんどは、この東証1部に上場していると思うよ。

さっきから1部・2部っていっていますけど、どう違うんですか？

野球でいう、1軍・2軍みたいなもんやで。1部のほうが上場の審査基準が厳しくてソニー、トヨタといった誰でも知っているようなでっかい会社がどっさりある一方、2部には1部昇格を目指している、現時点では中小規模な会社が上場されているんや。

そうそう。上場は投資家の信頼を裏切ることがないように、厳しい審査を突破した会社のみに許されるんだ。このような会社は全国に約３７００社、率にして全株式会社の約０・４％に過ぎないんだよ。

すごいなぁ。そこに上場している会社はどれもその厳しい資格をパスした会社ばかりってことなのね。

それでも、２０１０年の間には上場会社のうち10社が倒産しているんだ。こうなったらその会社の株は紙クズだよ。こういう会社には投資しないという目を養うのも大切だよね。貧乏くじを引いてからでは遅いから……。ふう……。

（きっと、いろいろつらいことがあったんだわ……）

**◇証券取引所の1部・2部って？**

１部の方が2部よりも上場するための審査基準が厳しい。そのため、１部の方が大企業・有名企業が集まっている。

１部・２部についてはなんとなくわかったんですけど、マザーズ、ＪＡＳＤＡＱっていうのはどういう市場なんですか？

いい質問だ。大まかにいうと、東証、大証の１部・２部には成熟した会社

が多いのに対して、マザーズ、ＪＡＳＤＡＱにはこれから成長が期待されるベンチャーが多い。

ベンチャーの中には、業績が悪く信用力が乏しいため、銀行からの資金調達に困り、発展途上でやむなく倒産する会社もある。しかし、マザーズ、ＪＡＳＤＡＱができたことでベンチャーにも資金調達のチャンスが与えられるようになり、上場を期に大きく成長した会社も多いんだ。これまでに、23社がマザーズから東証１部への昇格を果たしているよ（２０１１年3月末現在）。

多様な市場が存在することで、産業の発展に貢献するという証券市場の役割がしっかりと果たせているんですね！

ところで、市場ではいつ株の取引が行なわれているんですか？

そうだね。東証でいえば年始（12月31日～1月3日）、土曜日、日曜日、祝日を除いて毎日9時から15時まで行なわれているよ。途中11時から12時半まで昼休みだけど。市場によって若干違うところもあるから、注意して

ね。

具体的に、株はどういうふうに売買されているんですか？

株の売買の注文の仕方には**指値《さしね》注文**と**成行《なりゆき》注文**があるんだ。

指値注文っていうのは、「Ａ会社の株を、１００円で１０００株買って（売って）欲しい」という注文方法。要するに、**売買の値段を指定する注文**だね。

一方、成行注文は、「Ａ会社の株を、とにかく１０００株買って（売って）欲しい」という価格を市場の成行にまかせる注文方法。つまり、**売買価格を指定しない注文**ということなんだ。

別に指値注文だけでいい気がするけどなあ。成行注文やったら、まったく望んでないような金額で取引してしまうこともあり得るやんか。

そうだね。でも、指値注文は自分の希望した値段で株を売買できる反面、売り手と買い手のちょっとした値段の差で売買が成立しないこともあるんだ。

一方成行注文は、遊太くんがいったように自分が期待していた値段とはかけ離れた値段で売買されてしまうことがあるけど、その分、早く確実に売買が成立する。

じゃあ、成行注文なら、７００円あたりで成立すると思っていたものが、５０００円で成立することもあるのね。

いや、そんなことはないよ。証券取引所では急激な価格変動による市場の混乱や、投資家への大きな損失を防ぐために、１日に動く株価の大きさの限度を定めているんだ。

例えば、株価が５００円以上７００円未満の場合は、前日の終値から上下１００円までしか変動しないというようにね。この上下の限度まで株価が動くことを、それぞれ**ストップ高**・**ストップ安**というんだよ。

そっか。それぞれの注文方法の特徴をうまく使い分けなきゃいけないんですね。

## 株式市場のプレイヤー

君たちも、一度くらいはニュースでＡ社がＢ社を買収するとか、聞いたことがあるだろう。これは、Ａ社がＢ社の株を半分以上購入・保有することで、経営権を取得することを意味しているんだ。

せやな。株を持つということは、その会社に株主として経営参加するということやもんな。

君は、ボケたり真面目になったり忙しいやつだな……。

そう、遊太くんのいう通り。株を買うことは、会社の一部を所有することを意味する。

つまり、Ａ社がＢ社の株を半分以上持つということは、Ｂ社の経営の決定権の半分以上をＡ社が持つことになり、Ｂ社がある事業をしたいと考えてもＡ社が反対すれば、Ａ社側の意思が勝ってしまう。Ｂ社の気持ちの半分以上がＡ社に支配されているということになるのかな。

恋も同じだな。惚れて心を支配された方が主導権を握られるということだね……。俺はいつも惚れてばかりだ……。

先生、何かいいましたか?

いいや、何も……。まぁ、要するに個人だけじゃなくて、豊富な資金を持っている会社も株を売買しているってことをいおうと思ったんだよ。
その会社の中でも、信託銀行・生保・損保など大量の資金を運用している会社を**機関投資家**といい、市場に大きな影響を与えているんだ。その他にも外国人投資家などが大量の資金を投資しているよね。
つまり、世界の景気や他国の市場の動きも、日本市場に大きな影響を与えるということだよ。国内市場を見るにしても、国内情勢だけでなくて広く世界も見なきゃいけないんだ（150ページ参照）。

## 株式取引の種類

それから、信用取引の話をしておこうか。

## 株式の保有状況と保有金額

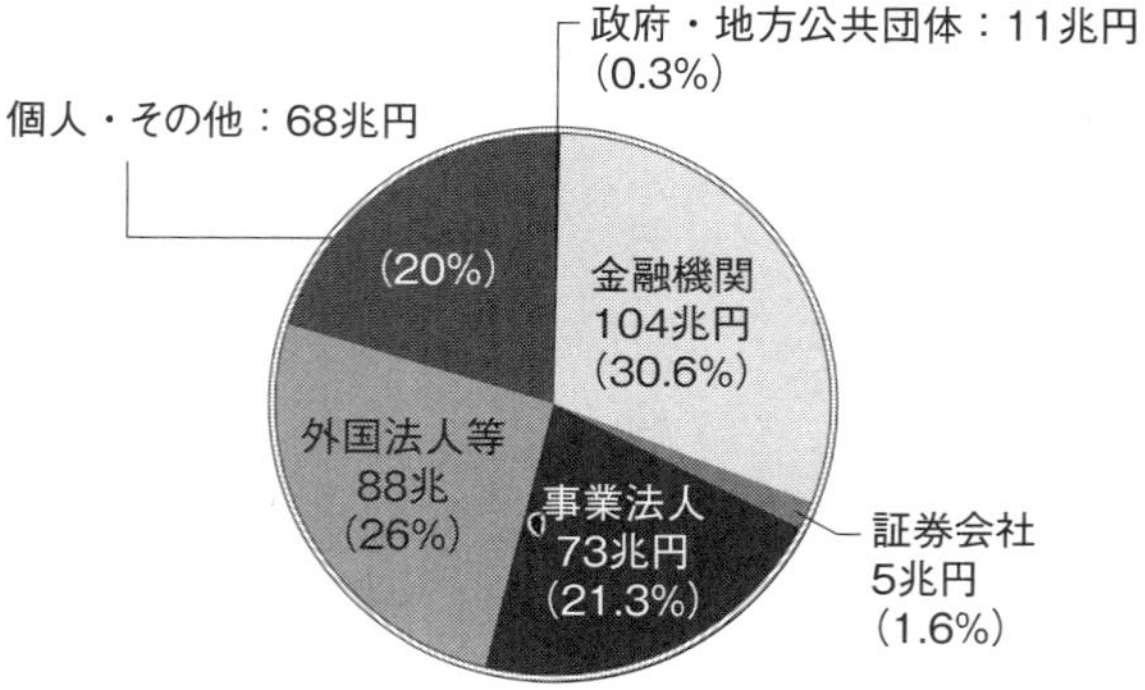


東京証券取引所発表の統計資料より作成（2009年3月末現在）

◇各保有主体の内訳

政府・地方公共団体――国・都道府県・市町村

金融機関――都銀・地銀等、信託銀行、投資信託、年金信託、生命保険会社、損害保険会社、信用金庫、信用組合、農林系金融機関、各種共済、政府系金融機関など

証券会社――証券会社

事業法人等――金融機関、証券会社を除くすべての国内法人

外国法人等――外国法人、外国の政府・地方公共団体及び法人格を有しない団体、日本以外の国籍を有する個人

個人・その他――日本国籍の個人、国内の法人格を有しない団体

株式取引には大きく分けて2つのやり方がある。ひとつは手持ちのお金で**株を売買する方法**で、**現物取引**といわれる。そしてもうひとつが、**証券会社から一定期間で返すことを前提にお金などを借りて行なう信用取引**だ。

証券会社から借りたお金で株を買うってことね。

つまり、自分の持ってるお金以上の取引ができるってことやな。株価が同じ10%上がっても1万円分買っとるのと100万円分買っとるのじゃあ、えらい違いやからな。一攫千金のにおいがするで〜。

逆に10%下げたら大損ですけどね。

う……わかっとるわ。

投資する側からすれば、少ないお金で大きな額を動かすことができるわけだね。これは**レバレッジ効果**と呼ばれる。まぁ、実際にお金を借りるには、元手となる委託担保金を口座に預けたり、借りたお金にも日歩《ひぶ》と呼ばれる金利が毎日発生したりするんだけどね。

## 収益率比較

a. 現物取引10%上昇

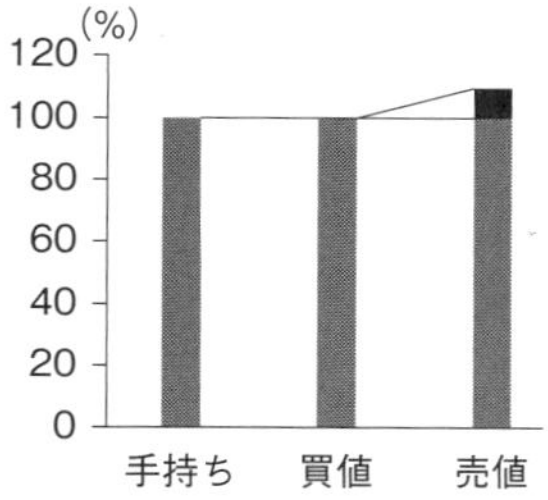


b. 現物取引10%下落

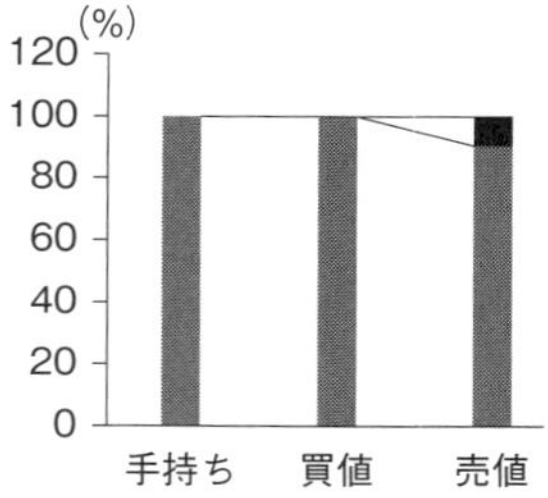


c. 信用取引10%上昇

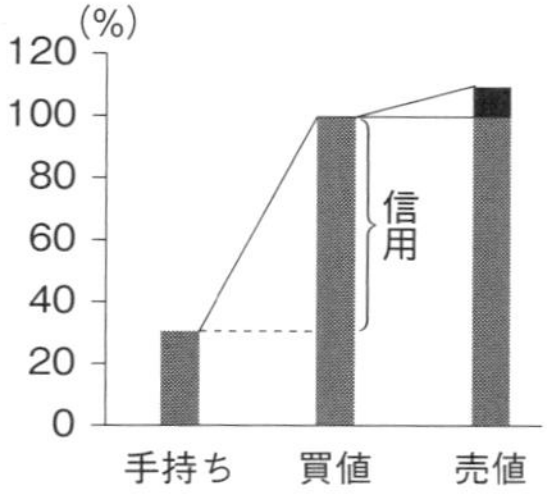


d. 信用取引10%下落

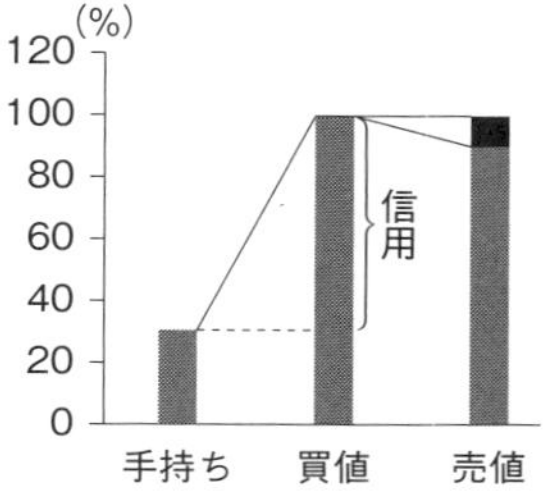


$$\text{収益率} = \frac{\text{利益(または損失)}}{\text{手持ち資金}} \times 100(\%)$$

| | 上昇 | 下落 |
|---|---|---|
| 現取物引 | a. 10% | b. -10% |
| 信用取引 | c. 33% | d. -33% |

「レバレッジ」ってのは、「てこ」のことやな。小さい力で大きなものを動かす……まさしくその名のその通りや。うまくいけばでっかく儲けられる一方、そのリスクも大きくなるってわけやな。

そう。でも、証券会社から借りられるのはお金だけじゃない。

**証券会社が保有している株を借りる**んですよね。

株を借りるってどういうこと？

借りてきた株を売って、株価が下がったところで買い戻して証券会社に返すんや。株を売ったときに手に入る金額と、買い戻すために支払った金額の差が投資家にとっての利益になるんやで。

なるほどね。株って安く買って高く売ることしかできないと思っていたけど、これなら下落していく銘柄でも利益が出せる可能性があるってことね。

その通り。株を借りてきて売ることを**空売り**や**信用売り**といい、逆にお金を借りてきて株を買うことを**信用買い**というんだ。

でも、そんなにリスクが大きいなら、なかなか手を出せないわ。

## 80万円の株を「信用売り」した場合

・値上がりしたら……

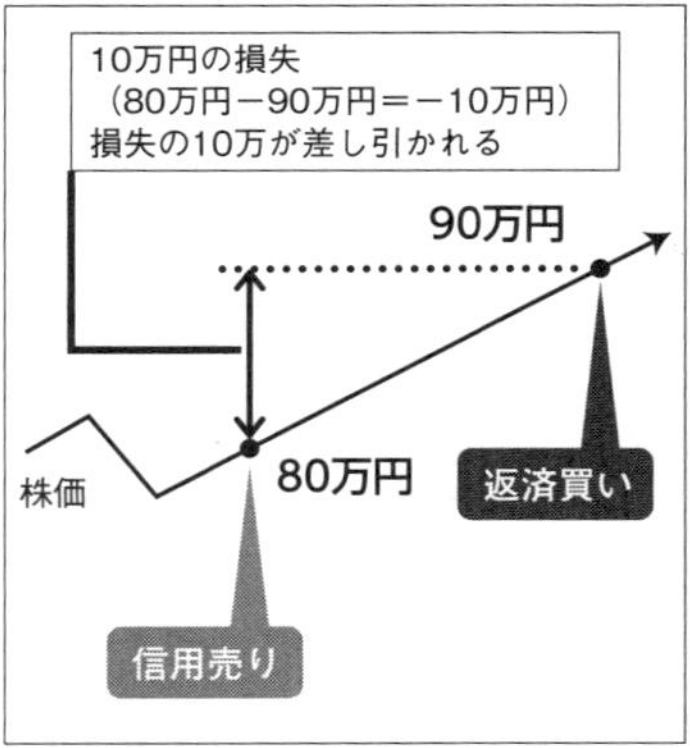


・値下がりしたら……

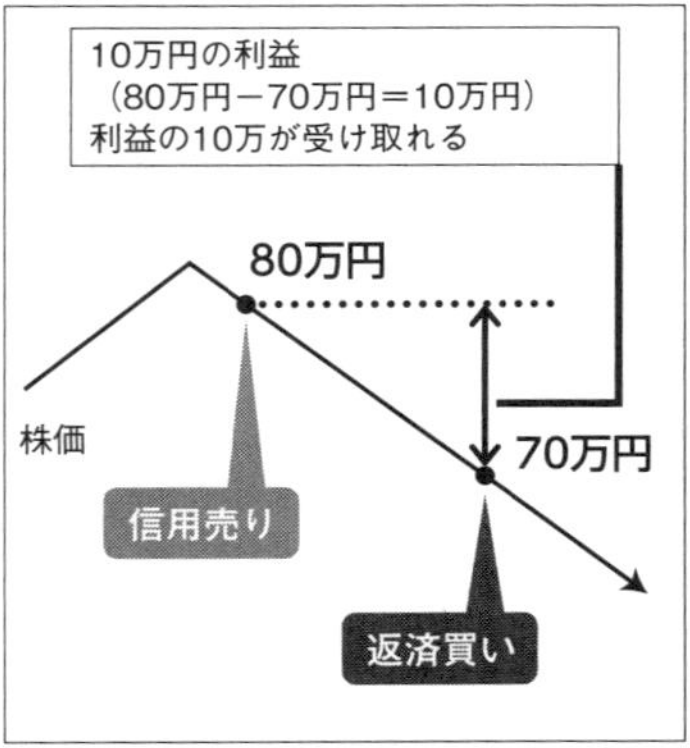


楽天証券ホームページをもとに作成

そうですね。現物取引で経験を積んで慣れてからが無難ですね。

たしかに、信用取引は危ないから手を出さないという人は多いかもしれない。でも、現物取引しかしないからって、信用取引を無視はできないよ。

どうしてですか？

現在、信用取引で買い、もしくは売りがどれだけ行なわれているかを、それぞれ**信用買い残**、**信用売り残**といって、各証券会社や取引所のホームページで各銘柄の集計を見ることができるんだ。これを使えば、将来的に株価がどう動きそうかを考えるのに役に立つ。

例えば、信用買い残が売り残に比べて多かったとすると、これはどういうことかな？

信用買いのために借りたお金は、一定期間のうちに証券会社へ返さなくてはいけませんから、信用買い残が多いということは、将来的に借りたお金を返すために、その株は売られることが予想される……と思います。

潜在的に売り圧力があるって状態やな。株価が上がりきったところで信用買いの株が売られると、それにつられてその株を買っとる人達も売りに走って株価がもっと下がるなんて、よく聞く話や。

信用取引は取引している単位も大きいから、株価を見る上でその動きは無視できないってことね。逆に、売り残が多ければ最終的に株を返すために買い戻さなくちゃいけないから、潜在的に買い圧力があるってことでいいのかしら。

そうなるね。そして、この信用買い残と売り残を使った信用倍率っていう指標があって、こういう式で表される。

**信用倍率＝（信用）買い残÷（信用）売り残**

これが1倍を上回れば売り圧力が、下回れば買い圧力があることがわかる。あくまで引っ張られやすさの度合いであって、参考程度という感じになるけどね。

# ４時間目 株を買う準備をしよう

じゃあ、次は実際に買うところまでの話にいくとしようか。理屈がわかっても実際にどうするかわからなければ、何も始まらないからね。

いよいよ自分で買えると思うと、ワクワクしてきますね。

（先生の話の節々に見える暗い部分が、若干怖い気もするけど……）

例えば、１株１０００円の株があるとする。これを買いたいと思っても、通常１株単位では売買できないんだよね、株っていうのは。

通常は、１００株１セットとか、１０００株１セットとかでまとめ売りしているんだ。この基本売買単位のことを**単元株**といって、単元毎でないと株は買えないんだ。

え、じゃあ、気軽にトヨタ１株買いなんてのは無理ってことですか？

うん。トヨタは１００株からしか買えないね。約３億株発行していて、誰かが３株、誰かが56株、誰かが１２８株なんてことをされると会社としても管理が大変だからね。

ってことは、トヨタが現在1株約３３００円（２０１１年3月末現在）くらいだから、トヨタに投資するには最低でも約33万円いるってことになるのか……。

君たちみたいな個人投資家には手が出せないよね。そこで、**ミニ株**って制度が作られたんだ。これは、単元株の10分の1の株数から買える制度で、トヨタの例なら約３万円から買える。これなら君たちでもいけるだろう？

貯金していたお年玉で買えそうですね。さっそく買ってみようかな。

ちょっと待った。投資を始めるには、まだまだやらなきゃいけないことがあるよ。まず、証券会社で口座を開かなきゃ。
まぁ、これは簡単だよ。証券会社に行って、受付のお姉さんに「口座を作りたいんです！」っていえば、ノリノリで作ってくれるから。ちなみに最近では、ネット証券と呼ばれる、口座開設から売買取引まですべてネットを通じてサービスを提供している会社もあるよ。

## ◇株を買うための知識

**単元株**

株を売買するための基本単位。各企業によって単元株は異なる。

(例) 日本たばこ産業（1株）、トヨタ自動車（100株）、
全日本空輸（1000株）

**ミニ株**

株を購入しやすいように、単元株の10分の1の株数で購入できるようにした制度。ただし、すべての銘柄に適用されているわけでなく、ミニ株で買えない株もある。

**証券会社**

証券会社によって手数料が異なるが、手数料が高い証券会社では無料で投資に有用な情報が入手できたり、扱っているミニ株の銘柄が多か

ったりと、手数料が安い証券会社より優れている面もある。

口座を作ったらいよいよ取引ができるんだけど、ここで注意したいのは、取引には**手数料**がかかるということ。それから売却した利益に対して**税金**がかかるということだね。

そういや、株式投資してる俺の友だちが、手数料はけっこうバカにならへんっていっとったなぁ。

そうだね。これは各証券会社で異なるから、証券会社を選ぶ際によく調べた方がいいね。

うーん、そうすると……手数料が２０００円の証券会社なら、１回の売買で４０００円。それに消費税が加わって４２００円。さらに売買で得た利益にも税金がかかるから……せっかく利益を得ても、税金や手数料でもっていかれちゃうんですねぇ。できるだけ余計なお金がかからないように、手数料が安い証券会社にしなくちゃいけないわ。

たしかに、それも一理あるね。でも、手数料が高くても、そういう証券会社は、その分投資に役立つ情報を提供してくれたり、多くのミニ株を扱っていたりするんだよ。だから、手数料は証券会社を決めるひとつの基準ではあるけど、単純に安いところに決めてしまうのはよくないよ。

**◇株式投資にかかるお金**

**売買委託手数料（手数料）**

売買代金の大きさや証券会社によって異なる。買うとき、売るときそれぞれにかかる。

**消費税**

売買委託手数料×5％

**キャピタルゲインにかかる税**

売却益×10％

## 5時間目　戦略と自分ルールを作ろう

これらをふまえれば、ようやく買えますね。

でも、先生！　銘柄（投資できる会社）が多すぎて、どういうものに投資すればいいのかわかりません。

やっぱり、誰もが知っている有名な銘柄から始めるのが無難じゃないですか？

というと、勤くんは、東証1部に上場している銘柄のことを思い浮かべているのかな？　東証1部上場銘柄とひとくちにいっても、じつは約1700もある。すごい数だね。

東証は、これらを**時価総額**と**流動性**を基準に、大きく3つに分類しているんだ。

時価総額はすでに習ったんですけど（35ページ参照）、流動性ってなんですか？

**流動性とは、株を希望通りの価格、数量、タイミングで売買できるかということ。**市場に十分な数の株が出回っていれば、希望通り売買される可能性が高くなるよね。これを「流動性が高い」状態といって、流動性は高ければ高いほど投資家にとって売買しやすい環境といえるんだ。

おう！　ようわかったわ。で、具体的に分けるとどないなるん？

時価総額が大きくて流動性が高い上位１００銘柄を大型株、それに次いで時価総額が大きく流動性が高い４００銘柄を中型株、それ以外を小型株と呼ぶんだ。

それでも、実際に投資をするとなると、時価総額と流動性を基準に考えるだけでは絞りきれません。

まずは、**自分がよく知っている分野の身近な会社へ投資**するべきだと思うよ。身近な会社だと、実際その会社の商品やサービスがどういうものかイメージはつかめているし、今後どういう業績になるか、発表されたニュースがどういう影響を与えるか予想しやすいからね。彩さんなら化粧品とかに強そうだよね。遊太くんや勤くんはそういう分野はサッパリでしょ。化粧品会社が新商品を発表したっていうニュースが流れても、遊太くんと勤くんはその商品が売れそうかどうか、ピンとこないよね。

売買する根拠のない投資は絶対にやめておこう。世間が「ハイテク、ハイテク」っていっているからハイテク銘柄に投資してみようとか、よくわからないけど、この株最近上がっているから買ってみようとか、周囲の情報に惑わされながら投資をするのはオススメできないね。まずは自分にとって身近な分野。これが大事だと思うよ。あのときの俺にもこの言葉をいってやりたい……。

（先生はそれができずに昔失敗したんやな……）

あとは、「**株で絶対勝つ方法はない**」ということを常に意識しておくこと。「勝つ」という確信からのスタートは幻想だよ。それはすぐに崩れる

だろう。株の取引で一番難しいのは、「売るとき」なんだ。買値より上がっていると「まだまだ上がる、まだまだ上がる」と思えて、そうするうちに下がっていく。すると今度は、「もう少し時間がたてば上がるだろう」という気持ちになって、気づいたときには損失が拡大していて大痛手を負うこともある。

だから、買値より20%上がったら売る、10%下がったら売るといった自分なりの機械的なルールを決めること、そして、それを絶対に守る強い自制心を持つことが必要だね。株価が上がっているときは、そのまま上がっていくように見えてしまうものだからね。

負ける確率が高いという意識を持って、負ける金額をおさえて勝つときにはドカンと勝つ。俺の経験からいって、これが株式投資で成功するための戦略だと思うよ。これももう少し前に気づいていれば……。

（気づかなかったのかよ！）

もうひとついえることは、株式市場っていうのは、業績のいい会社の株価が絶対に上がるという単純なものではないということ。むしろ、株式市場は投資家心理に大きく影響される場なんだ。

例えば、さっき話した優待のことだけど、極論をいえば、権利付き最終日さえ株を保有していれば優待はもらえるんだ。つまり、その企業の業績が悪くても、権利付き最終日の直前に株価が上がることもあり得る。それを予想した投資家は、将来性がある企業に投資するという本来の市場原理に立脚したものではなく、株価の動きだけを追って投機的に売買することもあるんだよ。投資家の心理で株価が変動する典型的な事例だね。

ケインズが「株式投資は美人投票」といっていましたけど、本当にそうなんですね。

美人投票って何？

要は、一番人気の高そうな女の子を探せってことやな。

でも、君たちは「美人投票」なんかで選んじゃダメだ。たとえ、「美人」

に注目したとしても、理由をしっかり見極めてから投票すべきだよ。俺は不思議と美人にモテて、バッグや時計、車に宝石まで買ってやったが、ある日とつぜん連絡が取れなくなって……。

（どんだけ悲しい人生おくっとんねん……）

まあ、いろいろといったけど、基本的なことさえ守れば、株で大失敗することはないから大丈夫。

・株式投資には、元本割れのリスクがあることを頭に入れておく。
・自分の取引ルールを作り、それを守る。
・人の話を鵜呑みにせず、自分で考えて投資する。
・これから成長しそうな銘柄を選ぶ。
・不慣れな分野に手を出さない。

注意する点は、こんなところかな。まっ、全部俺ができなかったことなんだけどなぁ。はっはっは……って笑えないね……。

（うわっ、コメントしづらいわぁ……）

で、遊太くんはどんな銘柄を買おうと思っているんだい？

うーん、親父が社長をしている会社にしようかと思ってるんや。いろいろ正しい情報が聞けそうやし。

それはいかん。インサイダー取引のことをいい忘れるところだった。
例えば、A社の株を持っているA社の社長が自分の会社の不祥事を知って、公になる前に全部売ったとする。そして、その情報を知らない投資家がその株を買った後に、不祥事がニュースで流れてA社の株価が暴落したとする。これは不公正だと思わないか？
もしくは、画期的な商品を開発した企業の社員が、そのニュースが発表される前に自社の株を大量購入して、発表後高騰した株をすぐに売って差益を出したとする。これも不公正じゃないか？
こういうことはインサイダー取引といって金融商品取引法で禁じられている

んだ。捕まりますよ。

「捕まりますよ」って……。ちゃんといわんかい、そういうことは。

俺にもそれを教えてくれる人がいたら捕まらなかったのに……。

インサイダー取引までやってたの⁉

冗談ですよ……。

## インタビュー1　株式投資とは「自立する個人の育成」

**津田　栄氏**

Ａｇｅｎｔｓ顧問。大和證券に入社後、日本団体生命保険（現アクサ生命保険）、大和投資顧問（現大和住銀投信投資顧問）、ドイチェ・モルガン・グレンフェル投信投資顧問（現ドイチェ・アセット・マネジメント）などを経て、現在は、アナリスト、エコノミストとして活躍。村上龍編集長主宰のＪａｐａｎ　Ｍａｉｌ　Ｍｅｄｉａの寄稿者として有名で、日本経済の本質をヒューマニズムの視点から捉え直す。

――津田さん、いきなりですが、株式投資の重要性についてズバッとお願いします！

株式投資っていうのは、今までの銀行中心の貯蓄による他人任せの資産形成と異なり、リスクとリターンを考えながら企業選択を行なう「自己責任による資産形成」のツールです。

——なるほど。たしかに個人の資産運用でリスクをとってリターンを得ようとするものは、これまで日本にあまり浸透してなかったですよね。

そうですね。さらに株式投資は会社の効率的な経営を促し、ひいては資産の最適な配分による経済社会の確立につながると同時に、ペイオフ適用を考えると、自己責任による長期的な資産形成を通じて「自立する個人」を育成する重要な経済行為といえますね。

——「自立する個人の育成」ですか。かっこいい言葉ですね。今後使わせていただきます。

どうぞ（笑）。

——次の質問ですが、津田さんは長年株式投資をやってこられましたが、資産形成以外の株のメリットとして、どのようなものをお考えですか？

株は、市場に関わるマクロ要因と、個別企業に関わるミクロ要因の影響を受けながら動きます。つまり、株式投資を通じて、市場参加者の投資心理、動向、資金需給の他、内外の政治・経済の動向や社会情勢、為替・金利・商品市場の動向などのマクロ要因や、業界の動向と企業の事業方針、企業業績の現状と今後の見通し、企業の持つ技術・経営陣などのミクロ要因を自ずと勉強することになります。

――自分たちも株をやって実感したことですが、株って考慮すべき要因が本当にたくさんありますよねぇ。でも、やりだすとこれが楽しい（笑）。

そうですね。こうした変動要因を理解することで、今まで遠い存在であった内外の政治・経済・社会だけでなく、企業動向・技術などを身近に感じ、自分の仕事や生活との関連に気づくことになるんですよね。さらには、市場を最終的に形成する人間の心理と行動、企業・個人の飽くなき利益追求による経済のダイナミズムを見ることができます。同時に、経済のグローバル化から世界の市場がひとつであることを、株式投資から実感することになりますよ。

――うーん、津田さんの話を聞くと、株式投資の重要性を再認識しますねぇ。今日は本当にありがとうございました。

# Lesson 2

# 銘柄を選ぶ決め手はなんですか？

紀香

今日は、昨日に続いて実際にどの銘柄を選べばいいのかを考えていくわよ。

お～、やっとこさ具体的な話になってきたなぁ。

そうね。やっぱり具体的な数字や図表を見る方が、より生きた経済と接することにつながって、楽しそうね。

あんまり堅く考えないでね。まあ、男を選ぶのと同じようなものよ。

（これまたおもろい先生がきたなぁ……）

（なんだろう、この胸のときめきは……）

ところで、銘柄の分析方法としては、**ファンダメンタル分析とテクニカル分析**があるけど、勤くん、この違いはわかるかしら？

は、はい、もう予習済みです！　ファンダメンタル分析とは**会社の業績や成長率、そして景気全体の流れをもとにして株価を分析する方法**で、テクニカル分析とは**株価の動きそのものを分析していく方法**ですよね。

さすが勤くん♪　じゃあ、さっそくファンダメンタル分析にいくわよ。

# 1時間目　会社の体力をチェックしよう

## 損益計算書（P／L）

まずは会社の収益構造、つまり、どうやって利益を上げているのかを見ましょう。男選びでいえば、どれだけ稼ぎがあるかってことね。やっぱ、なんだかんだいっても稼げる男が魅力的よ。

俺は将来ばんばん稼いで、ええ嫁はんもらうで～。

はいはい。

その調子よ、遊太くん！

……はぁ……。（なんや調子が狂うなぁ。つっこみ待ちやったのに……）

どれだけ稼いでいるかは、**損益計算書**を見ればわかるのよ。

うお！　なんか難しい単語と数字ばっかやぞ……。

そうね。でも、身構えなくても大丈夫。とりあえず、①〜⑥の項目の説明をするわね。

「○○利益」ばっかりでよくわからなくなってしまうんですが、どこを重点的に見ればいいんですか？

とくに見るべきなのは、**①売上高**、**③営業利益**、**⑥当期純利益**ね。①でその会社の事業規模が、③でその会社が本業でどれほど利益を出しているかがわかるの。⑥は、最終的にいくら儲かったかってことね。配当の元手にもなるから、株主にとっては見逃せないわ。④経常利益に関しては、⑤税引前当期純利益との差に注目よ。両者の差額が大きい場合は、プラスにせよマイナスにせよ、その会社に特別な事態が起こっているということだから、来年以降はどうなるのか、詳細な分析が必要ね。

他に注意すべきところはありますか？

ただたんにその年の損益計算書だけを見るんじゃなくて、過去の損益計算書と対比することで、数値の変化を見ることも重要よ。各数値が年々大き

## 損益計算書

（単位：百万円）

| 科　目 | 金　額 |
|---|---|
| ①売上高 | 750,000 |
| 売上原価 | 500,000 |
| ②売上総利益 | 250,000 |
| 販売費及び一般管理費 | 200,000 |
| ③営業利益 | 50,000 |
| 営業外収益 | 4,000 |
| 営業外費用 | 6,000 |
| ④経常利益 | 48,000 |
| 特別利益 | 7,000 |
| 特別損失 | 5,000 |
| ⑤税引前当期純利益 | 50,000 |
| 法人税等合計 | 20,000 |
| ⑥当期純利益 | 30,000 |

①売上高
会社に入ってきたお金。会社の事業規模を測るもの。

②売上総利益
①から売上原価（原材料費）を引いたもの。

③営業利益
②から販売費・一般管理費といった営業費用を引いたもの。

④経常利益
③に営業外収益と営業外費用を加算・減算したもの。配当金・利息の受け取りと支払い（会社が他の会社の株を持っていることもある）といったお金のやりくりという要素が加わっている。

⑤税引前当期純利益
④に特別利益（例えば不動産の売却）と特別損失（例えば地震などの災害による損失）を加算・減算したもの。

⑥当期純利益
⑤から法人税など、会社にかかる税金を引いたもの。

くなっていれば、それだけ会社が成長している証といえるわね。

は、はいっ!!

（勤がいつもと違う……）

## 貸借対照表（B／S）

次に会社の財務状態、つまり男選びでいえば、どれだけ土地、家、車といった資産を持っていて、いくら借金があるのかを見ていくわよ。初対面の男の場合は身につけている腕時計や靴などから推測するしかないけど、会社は**貸借対照表**というものを発表してくれているから、すぐにわかるわよ。

この表は大きく左右2つに分かれていて、簡単にいうと、**右側がお金の集め方**を、**左側がお金の使い道**を示しているの。ところで、この表を見て気づくことはないかしら？

## 貸借対照表

（単位：百万円）

| 科目 | 金額 | 科目 | 金額 |
|---|---|---|---|
| （資産の部） | | （負債の部） | |
| 流動資産 | | 流動負債 | |
| 現金及び預金 | 150,000 | 支払手形及び買掛金 | 120,000 |
| 受取手形及び売掛金 | 100,000 | 短期借入金 | 50,000 |
| 棚卸資産 | 50,000 | 未払法人税等 | 10,000 |
| その他 | 100,000 | その他 | 120,000 |
| 流動資産合計 | 400,000 | 流動負債合計 | 300,000 |
| 固定資産 | | 固定負債 | |
| 有形固定資産 | | 社債 | 30,000 |
| 建物 | 200,000 | 退職給付金引当金 | 10,000 |
| 土地 | 80,000 | その他 | 10,000 |
| その他 | 20,000 | 固定負債合計 | 50,000 |
| 有形固定資産合計 | 300,000 | 負債合計 | 350,000 |
| 無形固定資産 | | （純資産の部） | |
| のれん | 50,000 | 株主資本 | |
| その他 | 50,000 | 資本金 | 100,000 |
| 無形固定資産合計 | 100,000 | 資本剰余金 | 100,000 |
| 投資等その他の資産 | | 利益剰余金 | 400,000 |
| 投資有価証券 | 25,000 | 株主資本合計 | 600,000 |
| その他 | 180,000 | 評価・換算差額等 | 30,000 |
| 貸倒引当金 | △5,000 | 新株予約権 | 10,000 |
| 投資その他の資産合計 | 200,000 | 少数株主持分 | 10,000 |
| 固定資産合計 | 600,000 | 純資産合計 | 650,000 |
| 資産合計 | 1,000,000 | 負債純資産合計 | 1,000,000 |

※株主資本合計と評価・換算差額等を足したものを、自己資本と呼ぶ

一番下の合計額が一緒だわ。

そう、集めたお金の内訳の表だから、左右の金額の合計は必ず一致するはずよ。つまり、**資産＝負債＋純資産**ね。

じゃあ改めて、まず右側から説明するわね。右側は大きく負債と純資産に分かれているわ。

負債とは借金のこと、純資産とは自分のお金のことですよね。

その通り。77ページの表を見て。負債には2種類あって、ざっくりいえば、**流動負債**とは1年以内に返さなければならない借金、**固定負債**とは返済期限が1年以上先の借金のことよ。

なんでそんな区別するんですか？

返済期限の近いお金が多いということは、近い将来に多くのお金が出ていくということ。それは、会社の財務を圧迫しかねないということよ。

そっかぁ〜。（たしか、今月中に返さなあかん借金が俺にも……）

遊太くん、そういえばお金貸してなかったっけ？

僕も貸してた気が……。今月中に返してくれるんですよね？

へっ⁉ えーっと、その話はまた後でね……。

あらあら遊太くん、そんなんじゃいいお嫁さんはもらえないわよ。でも、2つの負債を区別する理由はわかったでしょ。

はい……。

じゃあ、次は純資産を見ていくわよ。この中で確認すべきなのは株主資本ね。

純資産の中でも株主資本に注目するのは、株式会社が株主からの出資で成り立っているからですか（22ページ参照）？

よく復習しているわね、その通り。

その株主資本の中でも、資本金、資本剰余金、利益剰余金とあるけど、この違いがわかるかしら。

は、はい！ 資本金と資本剰余金は株主からの出資金、利益剰余金は会社が過去に生み出した利益のうち手元に残っているものです。

よくわかってるじゃない！　勤くんのいってくれた通りよ。
これらのうち剰余金が配当の元手になり得るんだけれど、実際に配当を出すときは取り崩す順序があるの。一般的には利益剰余金の一部からなんだけど、赤字続きで底をついた会社は、配当をなくすか、資本剰余金の一部から出すわ。崖っぷちとは、まさにこのことね。

そんな状態でも配当を出すのは、なんでかしら？

配当を維持するのは、株主に見放されて株価が落ちることをなんとしてでも避けたいからなの。時価総額が下がると、会社の信用力が落ちて、銀行借入もままならない。敵対的買収の標的にされて、安く買いたたかれることもあり得るわ。

まさに負のスパイラルですね……。

さて、貸借対照表の右側の総まとめとして、**自己資本比率**と呼ばれる会社の安定性を見る重要な指標を教えておこうかしら。**自己資本（株主資本＋評価・換算差額）÷（負債＋純資産）×１００（％）**で求められるのよ。

借金が少なくて、しっかり貯金がある人じゃないと結婚生活が行き詰まるのと同じで、自己資本比率は会社の存続のために、ある程度必要なの。

一体どれくらい必要なんやろ……。

やはり50％くらいは欲しいところじゃないですか。半分以上が借金って、どこかあぶなっかしい印象を受けます。

そうね、一般的にはそういえるわ。でも、製造業などは30％前後が平均だし、業種ごとにやや基準は異なるから注意が必要よ。

（またまた1ポイントゲット！）

（勤くんずっとにやついてる……）

☆貸借対照表の右側で重要なのは、流動負債の額と自己資本比率。自己資本比率は50％以上を目安とするが、業種ごとに異なる。

次に、左側にいきましょう。こっちは会社の資産の内訳を示しているの。

**流動資産**、**固定資産**やって。さっきのことをふまえると、基本的に流動資産は1年以内に現金化できるもの、固定資産は1年以上にわたって利用されるものってことですか？

ファイナルアンサー？

ファ、ファイナルアンサー！

……………正解!!

よっしゃあ〜!!

（ちっ！）

ちなみに、流動資産には現金や売掛金、固定資産には建物や土地などがあるわ。

資産もその性質に応じて、検討しなくてはならないんですね。

右側だけを見るんじゃなくて、左側と照らし合わせることも重要よ。**流動資産÷流動負債×１００（％）で求められる流動比率**も、会社の安定性を見るひとつの指標なの。1年以内に現金化できる額が十分にあれば、

1年以内に返さなきゃいけない額が多少大きくても乗り越えられるわ。逆に１００％を切ると不安よね。

☆貸借対照表の左側で気にするべきは流動資産。右側で出てきた流動負債と比べることで会社の安定性を測ろう。

## 連結決算

1時間目の最後は、**連結決算**についての説明よ。

決算とは、会社が一定期間の経営成績や財務状態をまとめる一連の作業のことで、今まで見てきた損益計算書・貸借対照表などを作る作業のことなの。連結決算は、財務諸表などをその会社だけで見るんじゃなくてグループ全体で見るためのものよ。

グループっていうのはどういうことですか？

会社には、自社から出資を受けている会社、経営者を派遣している会社、製品生産の下請けをしている会社など、結びつきの強い会社があるわ。そういうのをまとめて1グループと見るのよ。

でも、下請け会社とか取引会社を入れだしたら、きりないよなぁ？

そう。だからどれくらい相手の会社の株を持っているかで結びつきの程度を判断するの。

株にはそんな役割もあるんかぁ。

株を多く持っているということは、その会社の経営に大きく関われるからじゃないですか？　株を持っているほどその会社を動かせるというか、支配できるというか……。

そう、前回やったところよね。勤くん、復習ばっちりじゃないの♪
具体的には、50％以上の株を持つ相手を**子会社**（自らは親会社）、20％～50％の株を持つ相手を**関連会社**と呼んで、自社とこの2種類の会社を併せて1グループとするのよ。

（やった、やった!!）

でも、なんで一緒にする必要があるんですか？

それには以下の理由が挙げられるわ。

- 親会社が子会社に負債を肩代わりさせて、親会社単体の財務状態をよく見せる操作を無意味にする。
- 子会社の経営難は、親会社の生産活動までも圧迫しかねず、グループ全体の財務状態を見ることで潜在的な経営課題を見抜くことができる。
- 親会社が子会社に商品を売って利益を計上しても、グループ全体としては子会社にその商品がある限り利益は発生しないので、グループ全体の生産活動の実力を示すことにつながる。

つまり、ごまかしを防いで会社の業績をはっきりと見るには、連結した方がいいっちゅうことやんなぁ？

そうよ。男にしても、家族に莫大な借金があったり、家族や友だちからお金を借りてデートしているような人とは到底つき合えないのと同じよ。ね、彩さん？

ええ、まぁ……。（シビアだわ、この人……）

（僕はその点大丈夫そうだな。よし!!）

決算には1年ごとに行なわれる通常のものの他に、**中間決算・四半期決算**というものがあるのよ。

そーいやよく「四半期決算」って聞くんやけど、あれはなんですか？

中間決算が半年毎の決算なのに対して、四半期決算は3カ月毎の決算のことよ。

連結決算もそうだけど、より正確に会社の実力を測りたいという投資家からの要求に応えて、丁寧なディスクロージャー（情報公開）が会社側に義務つけられたの。

ただ、気をつけて欲しいのは四半期ごとの業績に一喜一憂するだけじゃなくて、もっと長い目で見ることも必要だということよ。遊太くんは、とくにせっかちそうだから。

……気をつけますわ。

（一歩リード！）

# 2時間目 各種指標の使い方をマスターしよう

さあ、2時間目を始めるわよ。1時間目は会社が発表する業績と財務状態を示す数字だったけど、次はそれらをちょっと加工した、いろいろな指標を見ていくことにするわ。

どんどんおもろなってくなぁ！

じゃあ、まずは株価が**割安**か**割高**かどうかを判断する、2つの指標から取り上げましょう。

割安ってことは、投資家の期待が本来の価値を下回っている、つまり、本当はいい男なのに世間ではあまり評価されていないということよ。逆に割高ってことは、期待が先行しすぎている、つまり、世間での評価は高いけど、実際はそんなたいした男ではないってことね。

これを見分けるのが、PERとPBRという2つの指標よ。

## PER（株価収益率）

**定義**　**株価÷1株当たり当期純利益（倍）**

会社が発行済株式数に対して「現実に」どれくらい利益を上げているか（1株当たり当期純利益）と、投資家（もしくは市場）が1株当たりどれくらいの利益を会社に「期待」しているか（株価）を比べたもの。

つまり、期待と現実のギャップを示した指標ということですか？

そうよ。

数値がでかすぎると、現実そっちのけで期待が膨らんでるから、後でがっかりしたときに株価が下がる、逆に……。

数値が低すぎると、現実に比べ市場からの評価が不当に低いということになり、その低いときに買っておけば、後々他の投資家がその会社のよさに気づいて株を欲しがり、株価が上がって利益を得られるということです

ね。

（おいしいとこ持ってかれた……）

そうそう！　みんなだいぶ株のことを理解してきたわね。

（あくまで「みんな」か……）

ところで、ＰＥＲの割安・割高って、何と比べて判断すればいいんですか？

いい質問ね。ＰＥＲは業種ごとに差があるから、その会社が属する**業種平均**（96ページ参照）と比べるものなのよ。

なるほど、わかりました〜。

☆ＰＥＲは株価の割安・割高を判断するもの。低ければ割安、高ければ割高。ただ、高い・低いの基準は業種ごとに違うので、業種平均との比較で判断するもの。

## ＰＢＲ（株価純資産倍率）

**定義** **株価÷1株当たり自己資本（倍）**

会社が倒産したときに株主に対して、1株当たり払えるお金（1株当たり自己資本）と、株価を比べたもの。

名前は株価純資産倍率と書いてあるけど、実際は純資産のうちでも、とくに株主のものである自己資本で計算するところに注意ね。

こっちはパッと意味をつかめんなぁ……。

ＰＢＲが1になるということは、どういうことか考えてみて。

「株価＝1株当たり自己資本」ということですね。自己資本というのは会社が倒産したときに株式保有者に返ってくるお金ですから、ＰＢＲが1ということは、その会社が倒産したときの価値以上に株が評価されていないということか……うーん。

でも、実際は全然倒産しそうな雰囲気が出ていないのであれば、ＰＢＲが1というのは低すぎる評価がされているということになるわよね。

そう、そこまでいけばもうわかるわね。つまり、ＰＢＲが1近くまで下がっていても、実際は倒産しそうにないのなら、市場もさすがに1を下回る水準まで株価は下がらないだろうと考え、その株価は割安だと判断されるのよ。

また、ＰＢＲもＰＥＲ同様、業種ごとに違うから、業種平均との比較はしましょうね（96ページ参照）。

☆ＰＢＲも株価の割安・割高を示す指標。１に近いかどうか、さらには業種平均との比較で割安かどうかを判断しよう。

## ROE（自己資本利益率）

**定義**　**当期純利益÷自己資本×100（%）**

会社が株主から集めた資金を使って、どれほど効率よく利益を上げているかを示した指標。

次は経営効率などを見る指標よ。

これはわかりやすいなぁ。会社がどれだけ効率的に儲けているかっちゅうことやろ。

その通り。あと、投資家の視点から、何かいえないかしら？

ROEが高いということは、自分が投資したお金をうまく使ってくれているということだから、投資のしがいがあるわよね。

ROEが年々伸びていると、後々の配当アップが期待できますよね。

そうね。おもには経営効率を見る指標なんだけど、当期純利益は株主への配当の元手になるものだから、ＲＯＥは**配当能力を測定する指標**ともいえるわ。

そういえば、ＲＯＡっちゅうのも聞いたことあるで？

そう、**ＲＯＡ（総資産利益率＝営業利益÷総資産×１００（％））**も有名ね。ＲＯＥが投資家視点であるのに対して、ＲＯＡは株主だけじゃなくて銀行からも集めたすべてのお金から、利益をどれだけ効率的にあげたかを表す指標よ。場合によっては、営業利益を当期純利益など他の利益で表すこともあるから注意してね。

☆ＲＯＥは株価の割安・割高を測るＰＥＲ・ＰＢＲとは違い、会社の経営効率と配当能力を測るもの。また（後に述べるように）過去と比べて数字が伸びていれば成長性があるといえる。

その他にも、注目すべき指標を挙げておくわね。

**売上高営業利益率**

常業利益÷売上高×１００（％）

**配当性向（利益に対してどれだけを配当に回しているか）**

１株当たり配当金÷１株当たり当期純利益×１００（％）

**配当利回り（株価に対する配当金の割合）**

１株当たり配当金÷株価×１００（％）

みんな、これらの指標を使いこなせるようにしっかり復習するのよ。

## 各種指標の業種平均

| | PER(倍) | PBR(倍) | 配当利回り(%) | ROE(%) |
|---|---|---|---|---|
| 水産・農林業 | 20.6 | 1.1 | 2.62 | 4.94 |
| 鉱業 | 13.4 | 0.8 | 1.41 | 7.27 |
| 建設業 | 17.7 | 0.7 | 2.08 | 3.36 |
| 食料品 | 15.2 | 0.8 | 2.12 | 6.64 |
| 繊維製品 | 59.9 | 0.7 | 2.26 | -1.75 |
| パルプ・紙 | 13.9 | 0.6 | 2.09 | 5.74 |
| 化学 | 20.0 | 0.9 | 1.88 | 4.02 |
| 医薬品 | 19.4 | 1.2 | 2.29 | 9.45 |
| 石油・石炭製品 | 15.2 | 0.9 | 2.64 | -1.98 |
| ゴム製品 | 10.0 | 0.7 | 2.00 | 5.06 |
| ガラス・土石製品 | 24.3 | 0.9 | 1.43 | 1.08 |
| 鉄鋼 | N.A. | 0.7 | 1.27 | -1.35 |
| 非鉄金属 | 333.1 | 1.1 | 1.08 | 0.87 |
| 金属製品 | 25.9 | 0.6 | 1.49 | 1.61 |
| 機械 | N.A. | 0.9 | 1.40 | 1.71 |
| 電気機器 | N.A. | 1.0 | 1.27 | -0.09 |
| 輸送用機器 | 45.0 | 0.9 | 1.02 | 2.73 |
| 精密機器 | 25.9 | 0.9 | 1.42 | 5.25 |
| その他製品 | 33.0 | 0.8 | 2.56 | 5.57 |
| 電気・ガス業 | 12.2 | 0.7 | 2.65 | 5.69 |
| 陸運業 | 15.2 | 0.8 | 1.73 | 5.62 |
| 海運業 | N.A. | 0.6 | 0.90 | -4.18 |
| 空運業 | 19.3 | 0.8 | 0.53 | -11.85 |
| 倉庫・運輸関連業 | 18.3 | 0.6 | 1.99 | 4.02 |
| 情報・通信業 | 20.6 | 1.0 | 2.47 | 7.98 |
| 卸売業 | 19.6 | 0.6 | 2.43 | 7.61 |
| 小売業 | 234.9 | 0.9 | 2.00 | 3.90 |
| 銀行業 | 14.4 | 0.5 | 1.91 | 5.36 |
| 証券、商品先物取引業 | 75.3 | 0.5 | 3.04 | 5.95 |
| 保険業 | 19.4 | 1.1 | 0.95 | 6.35 |
| その他金融業 | 18.3 | 0.7 | 2.25 | -3.49 |
| 不動産業 | 26.4 | 1.1 | 1.62 | 1.50 |
| サービス業 | 38.4 | 1.1 | 2.08 | 7.30 |

東京証券取引所発表の統計資料より作成

(注1) PER、PBR、配当利回りは2010年度データ、ROEは2009年度データを抜粋

(注2) N.A.は、公表されていないことを意味する

# 3時間目　会社の動きを捉えよう

今までは決算を中心に話を進めてきたけど、ここからはそれ以外の観点から会社を見ていくわよ。まあ男も……。

稼ぎとか資産も重要だけど、普段の行ない、性格なども重要だということですよね。

ふふ、その通りよ。

ニヤリ。（よし、先生の気持ちがわかってきたぞ！）

（悪乗りはやめとけって……）

## 会社の特徴をつかむ

会社を見るときは、まず何から見るかしら？

どんだけかわいい子をＣＭに使っているかやなぁ。

たしかにイメージは大事ね。でも、まずはその会社がどんなことをやっているかを見る必要があるのよ。

男も、将来的にきちんと家族を養っていける職に就いているかは、重要ですもんね！

そういうこと♪

トヨタなら自動車を製造・販売する、セブン‐イレブンならコンビニを経営するってことですか？

そうよ。そして、その会社が属する業種が今好調かどうかではなくて、今後伸びるかどうかが重要なところなの。

株価は投資家の期待を反映するものですもんね。

ええ。例えば、5年後もみんな自動車を今まで通り欲しがるか、コンビニを利用していくかということね。今いいだけではダメなの。あくまで将来がポイントよ。

今挙げた自動車とコンビニという2つの業種について、みんなはどう思うかしら？

うーん、最近はハイブリッドカーとか電気自動車がよう売れとるっていうしなぁ。エネルギー効率も上がってるみたいやし、原油価格の動向とか、先進諸国でのエコブームが追い風になって、おもろくなりそうな気がするんやけど。

遊太くん、いい線いってるわ。充電電池を作る会社は、今まさにしのぎを削っている真っ最中なの。特定の車種に人気が出れば、そのメーカーに多く供給している電池部材メーカーにも大きな利益が見込めそうね。時代の流れに沿った将来性を考慮して、これから期待できる業種に投資するべきなのよ。

なるほどぉ。

(僕だって!!)

じゃあ、コンビニのほうは？

他のコンビニや24時間営業を始めたスーパー、ドラッグストアに顧客を取られないために、ポイントカード等を使って囲い込みができているか、プライベートブランドなど価格競争に打ち勝つ方法を備えているか、さらには国内市場が飽和しているので、いかに早く海外に進出できるかが鍵になるんじゃないでしょうか？

勤くんも鋭い！　やっぱ身近な話題だとみんな考えているわね。

むふふ。（いける気がしてきた！）

（勤くん、笑い方が不気味だわ……）

## 業績を変えうる要因

次はもう少し細かく、何が会社の業績を変化させる要因になるのかを見ていきましょう。

会社側でも**業績見通しの上方修正・下方修正**を行なったりするけど、その理由を自分たちで先読みしていくことが重要よ。どんな理由があるかしら？

さっきの車の話でも出たけど、**新商品・新技術の開発**は会社にとってプラスになりそうだわ。

せやなぁ、とくに特許なんか取ってしまえば、一定期間は技術を独占して大儲けやし、その後も特許料収入でさらにウハウハやもんな。

そうね、たしかにこれはプラス要因と見ていいと思うわ。

じゃあ、**事業の拡大**、例えば**新分野への参入や他社との提携・Ｍ＆Ａ**はどうかしら？

ん、その前にＭ＆Ａってなんですか？

Ｍ＆Ａとは、合併（Merger）と買収（Acquisition）。つまり、２つの会社がひとつになることと、片方の会社がもう片方を買って、自分のものにすることですよ。

へぇ～。そうなんかぁ。じゃあ先生がいったことは、どれも会社の売上アップ、利益アップにつながりそうだからプラス要因やな。

そうかしら？　無理にいろいろなことに手を出していたら、結果的に自分の首をしめることにならないかしら。

彩さんのいう通り、これらが常にプラスに働くとは思っちゃダメ。
でも、基本的には会社も考えて行動しているわけだし、決算書や事業拡大にかかる費用などを見て、無理していると考えられるとき以外は利益を上げる機会を増やしているのだから、おおむね業績に対してプラスに働くと見ていいわよ。
では反対に、**事業の縮小やリストラ（工場・機械の整理縮小、人員削減、給料の減額など）**はどうかしら？

会社がムダなコストを削って経営効率を上げ、収益体質を強化しているのですから、プラスに働くのではないでしょうか？

お前の表現わかりにくいねん……。結局、ムダをなくしてやるべきことにお金回してるからＯＫってことやろ？

そうです！

リストラも会社の体力を回復させるためにするもので、今現在は体力が落ちていることを示していることにはなるけど、将来的に回復が見込めるのなら、プラス要因と見ていいわ。リストラの目的やその後の経営方針がしっかりしているのなら、勤くんのいう通り、プラス要因といえるわよ。そのあたりをきちんと見極めなきゃね。

はっ、はい！

先生、ときどき顧客情報の流出とか、安全管理の不徹底のニュースを聞くんですけど、そういうのって業績とか株価に影響を与えないんですか？

それも大事な要素ね。私たちの身近なところでミスをされたらどう思う？

そりゃ、産地を偽装してたり、衛生管理をしっかりやってくれてなかったら、もうその会社の商品買う気なくすわ。

僕たち顧客の個人情報が漏洩されてしまったら、いくらその会社の商品の質がよくても、会社に対する信頼感は薄れますよね。

うんうん。みんなが考えるように、こういった不祥事はやはり消費者の信頼をなくすから、結果として利益が減るのが予想できるわね。だから結局、株価もそれを見越して下がってしまうのよ。

次に天候について説明するわ。例えば、冷夏になるとどういった業種に影響が出るかしら？　じゃあ勤くん。

あまり暑くないから、エアコンや飲料水の需要は落ちると思います。

その通り。つまり家電業界・飲料水業界にはマイナスね。

じゃあ、今度は彩さん、逆に例年以上に冬が寒いとどうなるかしら？

エアコンの需要は上がりますよね。それと、暖かい冬物の服がよく売れる気がします。

そうそう、そんな感じに考えればいいわ。じゃあ遊太くん、雨の日が多いとどうなる？

雨降ったら外出するのめんどいからな〜。レジャー産業（遊園地、テーマパークなど）は痛いんやないかなぁ。

みんな経済を見る目がついてきてるわね。素晴らしいわ。

このように、天気・天候によっても業績は変わってくるから注意してね♪

ただ「雨が多いな」「暑くて死にそう」とか感想をいうだけじゃなく、そこから会社業績を予想することが大事なのよ。

はーい。

☆まずは、その会社が何をやっているのか全体像をつかみ、その業種がこれから先伸びるかどうかを判断しよう。その後、業績を変えるさまざまな要因を考慮した上で、各社に焦点を当て、これからの成長性を予測しよう。

## 資金調達

次は、業績アップには直接つながらないけど、会社にとっても投資家にとっても重要な資金調達の話をするわ。会社が資金調達をすると、株価にどういう影響があるか考えてみましょう。

ぜひ教えてください。

まず、資金調達の中でも、とくに株価に影響を与える増資について考えてみましょう。増資とは、会社が事業をやるのに必要な資金を集めるため、新たに株を発行することをいうのよ。

発行済株式数が増える、ということは……ＰＥＲのところで出てきた１株当たり当期純利益が小さくなって、ＰＥＲは高くなり、株価は割高と見られて下がってしまうんじゃないですか？

ん？　なんやっけそれ？

勤くんのいう通りよ。遊太くんは89ページで復習しなさいね。
たしかに、増資が発表されると株価は下がることが多いわ。

でも、増資ってお金が必要だからやるんですよね？　増資で得たお金を新たな事業に投資して収益を上げれば、１株当たり当期純利益は下がるどころか上がる可能性もあるんじゃないですか？

彩ちゃん、いいところに気がついたわ。そう、増資とは「お金がないとき」にやるものよ。だから、会社にとって魅力的なビジネスがあるのにお金がない場合は、増資をすることが株価を下げることにはつながらないはずよね。

ちょっと待ってください。「お金がないとき」は、むしろ経営がうまくいってないときも考えられますよ。

勤くん、冴えてる！　そうね。増資の理由は場合によるから、なんのために増資するのかというのが重要なの。
ただ、その会社に魅力的なビジネスがあるかどうかは、投資家からはなかなかわからないこともあって、基本的に増資が発表されると株価は下がることが多いのよ。
じゃあ次に増資の逆、自己株式取得にいくわよ。これは……

ちょい待ち！　よくわからへんけど増資の逆って減資ちゃうんか？

そう思うのが自然よね。ただ、法律ではちょっと複雑で、減資は資本金の額を減らすだけのことをいうの。だから、株を発行してお金を集めるという意味での増資の逆は自己株式取得だと考えてね。

ほーう。

じゃあ遊太くん、自己株式取得ってどういうことか説明できる？

増資の逆っちゅうことは、会社がお金を払って投資家が持っている株の数減らすことやろ？

遊太くん正解！　その通りよ。

よっしゃ！

あれ？　でも授業で会社は株主にお金を返さなくていいって習いましたよね？　株主は会社からお金を返してもらえないのに、会社は自分の勝手で株を買い戻せるのは、なんだか不平等な気がします。

彩さん、いいところに目をつけたわ！　そういった問題があるから、自己株式取得は配当と同じように、資金の余裕がある範囲で決められた手続きを踏まないとできないのよ。

では、会社が自己株式取得を発表すると、株価はどう反応するかしら？
自己株式取得は増資の逆だから……自己株式取得をすると発行済株式数が減り、１株当たり当期純利益が増える。そしてＰＥＲは下がって割安感が出て、株価は上がるということですね！

そう、まさしくその通りよ。だから、自己株式取得は株価上昇要因といえるわね。この意味で、自己株式取得は配当みたいな株主還元策ともされるの。
ただ、配当と違って権利日といった問題がないから、自己株式取得は市場にとってかなり好印象に受け取られることを覚えておいていいと思うわ。

株価っちゅうのは業績だけじゃなくて、会社の資金調達の動きにも影響されるんやなぁ。

◇資金調達で見るべきポイント

**増資**

株を発行して資本金を集める。

↓発行済株式数が増えて1株当たり当期純利益が減るため、株価にマイナス

**自己株式取得**

会社が市場などで自社の株を買うこと。

↓発行済株式数が減って1株当たり当期純利益が増すため、株価にプラス

# 4時間目　チャートの分析をしよう

さあ、今までがファンダメンタル分析だったのに対して、ここからはテクニカル分析よ。

（放課後思い切って誘ってみようかな……うーむ）

たしか株価の流れを分析することでしたよね？

そう。いい男にも旬があるでしょ？　それを見極めるための分析ってことよ♪　まずは次のページ上の表を見て。

## ローソク足

普通のグラフっぽいけど、なんか変なかたまりがあるなあ。

まずはこのかたまりから説明していきましょう。これを**ローソク足**というんだけど、白と黒の違いはなんだと思う？

## チャートとローソク足

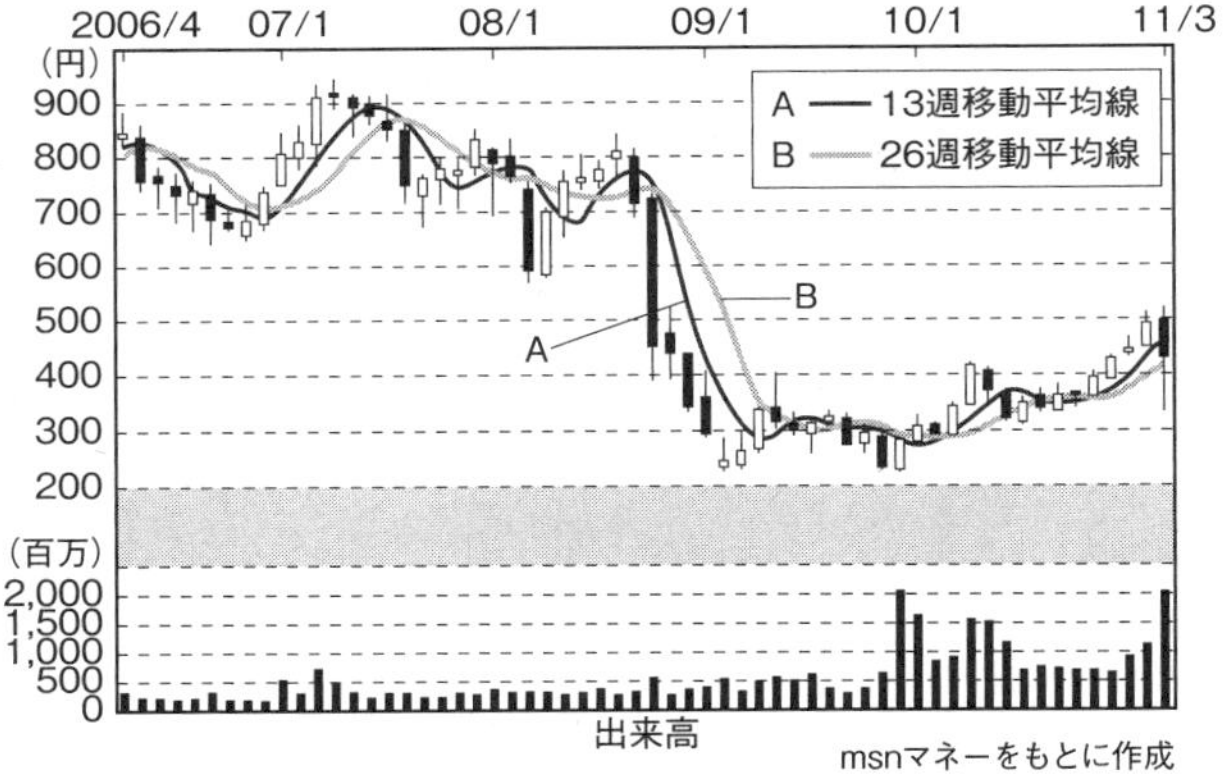


msnマネーをもとに作成

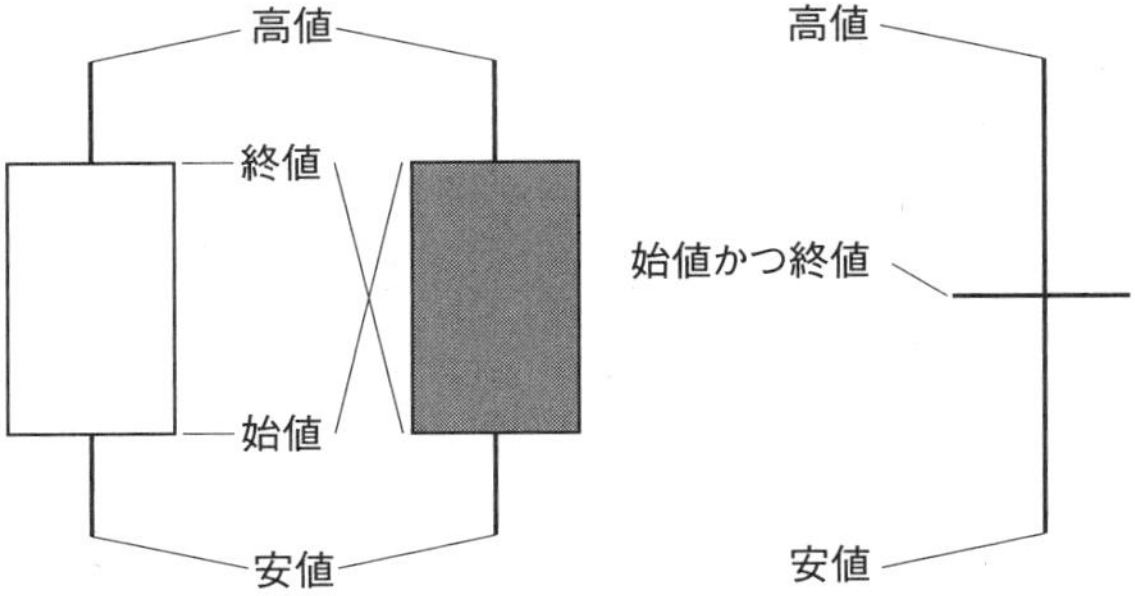

なんとなく黒の方が悪いイメージだけど……。

実際そんな感じよ。その日の**最初についた株の値段**（**始値**《はじめね》）と**最後についた値段**（**終値**《おわりね》）を比べて、始値のほうが安ければ白、高ければ黒ということよ。ちなみに白い方を**陽線**《ようせん》、黒い方を**陰線**《いんせん》と呼ぶのよ。

要はその日のうちに株価が上がれば陽線、下がれば陰線ってことやね。
じゃあこの上下についてる線はなんですか？

これはヒゲと呼ばれるもので、その日の株価がどの範囲で動いたかを示しているの。上に伸びているのを上ヒゲと呼ぶんだけど、その一番上がその日ついた値段で**一番高いもの**（**高値**）よ。逆に、下に伸びている下ヒゲの一番下は……。

その日ついた値段で**一番安いもの**（**安値**）ってことですね。

その通り。今説明したのは1日の値動きを示すローソク足だったけど、これを**日足**《ひあし》と呼ぶの。他にも**週足**《しゅうあし》・**月足**《つきあし》とかあるから、短期的視野で見るか、中・長期的視野で見るのかで使い分けるといいわ。

## トレンドライン・抵抗線・移動平均線

先生、いちいち全部のローソク足を検討していくのでは、きりがない気がするんですけど……。

そうね。細かい動きが重要なときもあるけど、基本的には大きく株価の流れを判断すればいいわ。そういうときのために、**トレンドライン**や**移動平均線**があるのよ。

トレンドラインっていうのは、ローソク足の動きを大まかに追ったときにどういう流れになるか、つまり、細かい上げ下げはあるけど、全体的には上昇傾向だとか下落傾向だとか、一定の範囲をいったりきたりしている（これを「株価がボックス圏にある」という）とかを表しているの。

また、ボックス圏のときはとくにそうなんだけど、一定以上は株価が上がらないとか、逆にある基準以下には下がらないという上限・下限が見えてくることがあるわ。これを、それぞれ上値の抵抗線・下値の支持線と呼ぶ

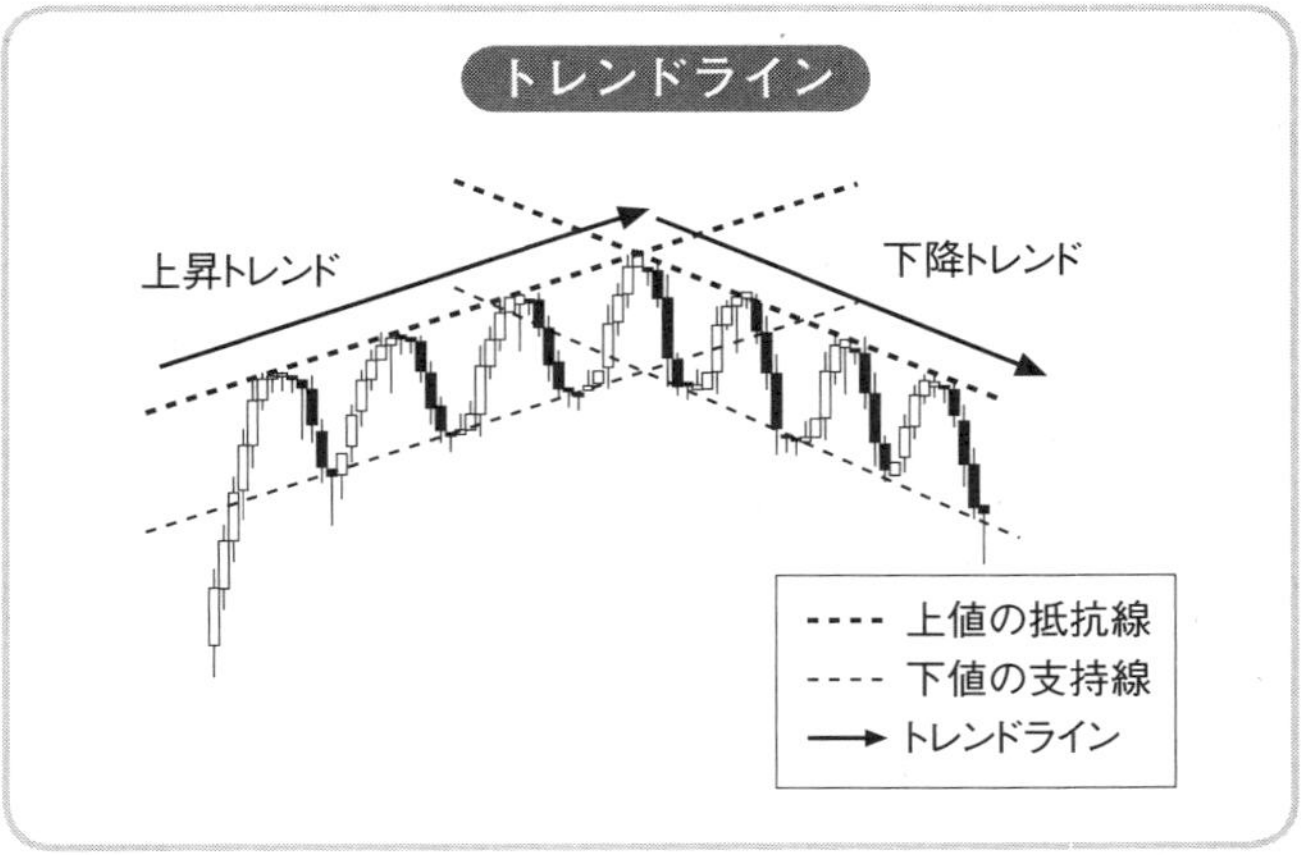


のよ。

じゃあ、移動平均線ってなんですか？

移動平均線は112ページの図にある線A・Bのことよ。これは過去の一定期間の終値を平均して算出された値を連続して結んだもので、トレンドラインと同様に相場の流れを判断するときに使うものなの。株価がこの移動平均線から離れている割合を示す移動平均乖《かい》離《り》率は、売買するときの判断材料のひとつよ。

そっか。とくに理由もないのに移

動平均線から大きく上に乖離していたら、直近は、ちょい買われすぎやから、今後は株価上昇が落ち着くかもしれんって予想するんですね。

ブツブツ。（どうやったらうまく誘えるのだろうか……）

移動平均線の線A・Bの違いってなんですか？

Aを短期線、Bを長期線と呼ぶの。短期線のほうが、より短い期間の終値を利用して作られていることから、直近の値動きをつかみやすいという性質があるわ。

左の図では、短期線と長期線が交わっとるで！

いいところに目をつけたわね！　短期線が長期線を下から追い越したときは**ゴールデンクロス**といって、一般的に「買い」のタイミングなのよ。

おぉ～、名前的にもすごそうや！

逆に、短期線が長期線を上から下に突き抜けたときは**デッドクロス**と呼ばれ、「売り」のサインとされているわ。

ブツブツ。（強気でいくべきだろうか……）

## ゴールデンクロス・デッドクロス

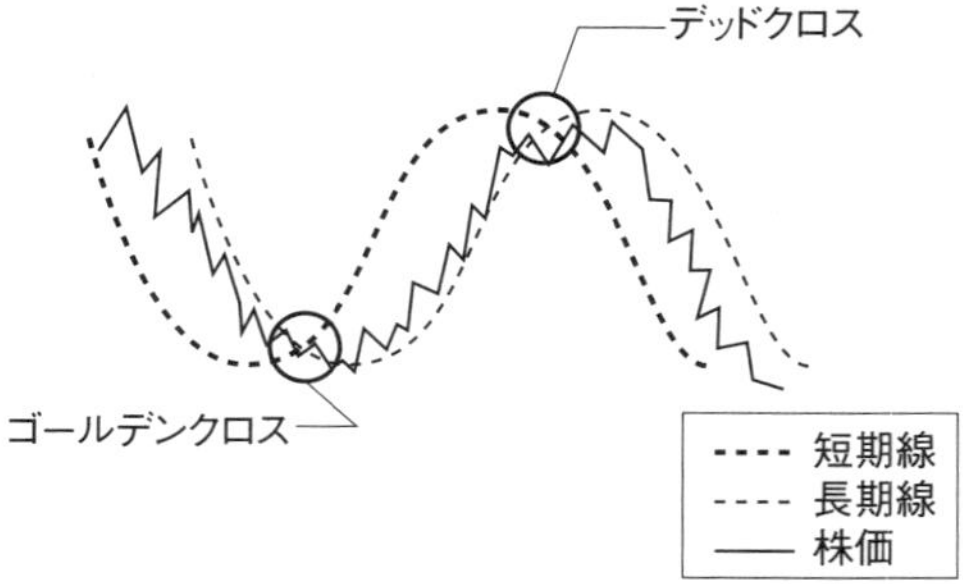


勤くん、さっきから集中してないでしょ！　4時間目で疲れてくるとこだろうけど、気を抜いちゃダメよ。

す、すみません。

つとむぅ〜、女のことでも考えてたんちゃうかぁ〜？

どきっ！

え……マジで⁉

男の子なんだから、勤くんだってそういうことを考えるのは当然よ。私はとってもいいことだと思うわ。でも、今は授業に集中してね。

はい……。すみませんでした……。（先生にマイナスイメージを与えてしまった……）

## 出来高

じゃあ、名誉挽回のために勤くんに質問するわ。112ページのチャート表の下の棒グラフは、何を表していると思う？

えーっと……。株の売り買いされた数？

さすが勤くん、予習はしっかりこなしてきているのね。だからといって、授業で手を抜いちゃだめよ。

はい!!（希望の光が！）

（こいつ紀香先生に惚れてるな……）

これを**出来高**というの。この数字が大きいということは、その銘柄の売買が活発だということで、株価も動きやすいわ。

## レーティング（格付け）

最後に**レーティング**について説明するわね。これは相撲の番付とかと一緒で、銘柄を一定の基準で「買い」、「中立」、「売り」のような形で順位をつけたものよ。証券会社や研究機関の証券アナリストと呼ばれるプロたちが、会社への質問や詳細な市場調査などを通して格付けを決めるの。私も若い頃は周りの男たちをレーティングしたものよ。

（やっぱこの人強烈……）

（紀香先生、かっこいい……）

**目標株価**と呼ばれる、ここまでは上がるんじゃないかというアナリストの予想も一緒に発表されることが多いから、参考にしてね。

エキスパートの人たちに上がるといわれると、本当に上がりそうですね。

そうね。同じように考える投資家は多くて、レーティングの高い銘柄は、そういった期待感から株価が上がる場合も多いわ。これが、株式投資は美人投票だといわれる理由ね。

紀香先生はみんなから美人だと思われてるから、株価は常に上昇ですね。

（うわ～、ベタなほめ言葉……）

そりゃあ、もちろんそうよ。当然格は高いでしょうし、私に群がる男は数知れずというところね。

（先生も先生でノってもうたよ）

（否定しないんだ……）

（なんて魅力的なんだ！）

こんなところで私の授業は終わりよ。みんな、この章で勉強したことはこれから必要な知識ばかりだから、しっかり復習しておいてね。

はーい。

（え！　もう終わりなのかぁ……）

次はマッチョで汗臭い……いえ、男らしい先生がしっかり授業してくれるから、楽しみにしててね。

（ずっと紀香先生がいいよぉ!!）

私は新たな男選びでもしようかな♪　またどこかで会いましょうね。じゃあね～。

せ、先生!!

どうしたの？

あ、あ、あの……その……僕……先生にお話が……。

（いけー！　勤!!）

ん、相談かしら？　ごめんね、私ちょっと急いでるの。最後にひとつだけアドバイスをしてあげるわ。

勤くんは頭がいいけど、男も会社も、安定して成績や業績がいいだけじゃダメなのよ。それじゃあ女の子や投資家は惹きつけられないわ。大事なのは、それ以上のインパクトよ。だから勤くんも、もっと意外性とか、勉強だけじゃないってところを見せて欲しいわ。それじゃあみんな、またね！

はい……。（つまり今の僕じゃダメだってことですね）

勤、ドンマイ。世の中紀香先生だけが女やないって！

う、うん……。（涙）

# Lesson 3

# 株価はどうして上下するんですか？

# 1時間目 ニュースで市場心理を読む

株レラ

こんにちは、株レラだ。俺の上腕二頭筋は最高だろ！　はははは！

キ、キモい……。

か、かっこいい……。

うそっ！（こいつマッチョ好きなんか……。勤といい、彩といい、こいつら変わっとるな……）

いいか、お前らよく聞けよ。今までお前らは株式投資の基本を学んだな。ここからはちょっと応用をやっていくぞ。こういうところを考え出すと、**株式投資を通じて社会勉強**もできるぞ。さぁ、スパルタでいくぞ！　はははは！

（なんでこんな体育会系なんや？）

株式投資を通じての勉強ですか。投資をしていく過程で会社を分析する勉強になることはわかりましたが、社会勉強というほどの勉強になるのでしょうか？　いまいちイメージがわかないのですが……。

そーか。それでは少し教えてやろう。お前ら、バブルという言葉を聞いたことはあるか？

株価が異常なくらいまでバカ上がりして、みんながウハウハだった時代のことやんな。その後、逆に株価がバカ下がりして、損する人がめちゃくちゃ増えた。いわゆるバブル崩壊ってやつやね。

その通りだ。お前ら、**日経平均**って知っているか？　株価全体の動きを知るためのもっともポピュラーな指標で、２０１１年3月末では1万円弱だが、１９９０年頃のバブルのときは4万円近くもあった。つまり、同じ株を持っていても、株価は今の4倍以上あったわけだ。今１００万円持っているものが、４００万円だったわけだから……当然景気はよかった。

逆にバブル崩壊後だけ考えたら、価値は4分の1ってことですよね。

そういうことだ。それがバブルだったわけだ。

日経平均の推移

ちなみに、お前らがよく聞くバブルというのは１９９０年頃のバブルのことだが、２０００年頃にもバブルはあったんだぞ。俗に**ＩＴバブル**といわれるもので、ネット・ＩＴ関連企業を中心に株価が異常なほど高騰した。ネット・ＩＴ関連企業は、少ない投資資金で長期的に莫大な利益を上げられるものだという幻想が、株価をつり上げたのだ。

俺の親はバブルで失敗して……。

まぁ、遊太、「人の振り見て我が振りなおせ」だ。株は扱い方を間違うと、危険なものにもなる。バブルはそのいい例だ。

しかし、株は勉強になることもたくさんある。株価というのはただランダムに上がったり下がったりするのではなく、会社の業績や世界情勢、政府の政策、そして市場参加者の思惑などがからんでくる。**日々のニュースが反映される**わけだ。

俺は毎日、日経新聞読んどるおかげで、みんなから「経済通」って呼ばれとるで！

わははは!!　楽しんで勉強できるのは、素晴らしいことだ。

そうですよね、うふふ❤

……。

それぞれの市場参加者が日々のニュースを解釈し、今後の業界動向にどういった影響が出るのかを予想する。そして、その予想を元に株を売買する。つまり株式投資では、ニュースを元に「市場参加者がどう予想して、どう行動するか」を予想した者が勝つ！　**市場心理**を読むってことだ。バブルではお金儲けに目がくらんで、みんな業績の先行きに対する予想がおかしくなっていた。だから異常なほど株価が上がってしまったのだ。冷静にニュースを分析していた人たちは、さっさと株を売って利益を確定させていたのになぁ。ははははは。

先生、もしかしてバブルで儲けまくったうちの一人……？

バレたか。俺はバブルが崩壊する前に、きちんと株を売って利益を得ていた。俺は極めて冷静だからな。ぬはははは！

……。

お前らもニュースをきちんと分析できるようにならねばならん。株式市場においては、**今後の経済状況がよくなると思うようなニュースが流れると、将来の業績への期待が大きくなって株価が上がる**。その具体例を今から教えてやろう。

## 2時間目　経済指標で株価は動く

最初は**景気・経済指標**について教えてやろう。
お前ら、こんな言葉を聞いたことないか？　失業率、景気動向指数、原油価格、ＧＤＰ成長率、経常収支、財政収支、鉱工業生産指数、機械受注実績、新設住宅着工戸数、有効求人倍率、半導体集積回路生産額、マネーストック、消費者物価指数、設備稼働率……。

先生、ストップです。意味不明です。

（先生の腕の筋肉、ス・テ・キ❤）

（あかん、こいつ、いってもうとる……）

これらの数値は、発表されるやいなや市場に影響を及ぼすものだ。
例えば**新設住宅着工戸数**。これは文字通り、新しく建設し始めた住宅の数を表したものだ。この数字が大きければ、消費者には家という大きな買い物をするほどの余裕があるのだから、家計にお金があると判断される。また、家という大きな買い物に伴い、相当額のお金が建設会社などに流れてくることになるし、建設会社はたくさんのお金が入ることで、設備投資や従業員の給与額を増やす。

こうした一連の流れから経済環境がよくなると判断されるので、この数値は大きければ大きいほど市場に好影響を与え、株価を押し上げることになる。

数値は、いかなる場合も重要だ。お前らも体脂肪率やカロリー数はきちんと計算するだろ！　ぐわっはっは!!

……な、なるほど。ひとつの指標で、そこまで判断できるんですね。

**半導体集積回路生産額**はわかりやすいだろ。半導体の生産額が増えてるってことは……。

半導体業界とか、コンピュータ、電機関連の会社に好業績が期待できる。したがって、そういう業界の株価は上がるということですね。

いいぞぉ。わかってきたな。

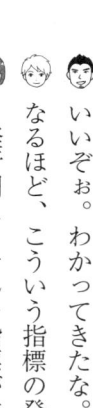

なるほど、こういう指標の発表も見たほうがええんやな。

日経新聞にもそんな指標が載っていた気がするわ。

そうだ。インターネットや新聞、テレビを見ていれば、当然こういう数値は目にする。ただし、これらの数値がいいからといって、無条件に株価が上がるとは思うなよ。**株価は市場心理に左右される。**
例えば、市場参加者が、ＧＤＰ成長率を５％くらいと予想していたなら、株価にはそれが反映されていて、すでにある程度上がっている。そこで、実際に数値が10％アップと発表されると、より市場心理がよくなり、さらに株価は上がる。逆に、１％アップと発表されると、予想以下ということで失望した投資家が株を売り、株価が下がることもある。
株式投資とは、心理戦なのだ!!　市場心理を読め!!　新聞を読んで状況をつかめ!!　頭を使え!!　そして勝て!!　がはがはがは!!

（きゃ♪　先生とお話しちゃった♪）

こういった数値について役に立つものを一覧の表にしておいた。ぼろぼろになるまで勉強しろ。筋肉もとことんいじめてやらねば喜ばん！　それと同じだ！　頭もとことんいじめてやれ！

経済指標の発表日については、インターネットで調べたらすぐわかるぞ。「経済指標・カレンダー」をキーワードにして検索してみろ！　新聞を読むのが本当に楽しくなるぞ！

☆経済指標はその後の市場心理に影響を与える。
日々、新聞・雑誌・テレビ・インターネットの情報を気にかけること。

| 名前 | 内容 | 株価への影響 | 重要度 |
|---|---|---|---|
| 機械受注実績 | 機械メーカーがどれだけ注文を受けたか。 | 設備投資にお金を回すほど会社に余裕があるということ。設備投資により生産効率が改善するので、経済にとってプラス。 | ◎ |
| 鉱工業生産指数 | 鉱業・製造業に従事する会社がどれだけ製品を作ったか。 | 数値が高ければ高いほどそれだけ需要があるということで、市場期待は大きくなる。 | ◎ |
| 日銀短観 | 経営者に景況感に関するアンケートを行ない、業況が「いい」と判断している経営者と「悪い」と判断している経営者の比率を示す。 | 会社の生産活動は経営者の考えによって動くものであるから、経営者がどう現状をとらえているかは今後の日本経済の方向性を見定める上で重要。経営者マインドを見るには格好のデータ。 | ○ |
| 実質経済成長率 | 日本の実質GDP（国内総生産）の成長率を示す（つまり経済規模の変化）。 | 経済規模が大きくなるということは、それだけ利益を生み出す会社が増えるということ。 | ○ |
| 消費者物価指数 | 基準時と比べて、物価がどれくらい変化しているか(前年度を100とする)。 | この数値が高すぎたり、低すぎたりするのはよくない。デフレでは低く、インフレでは高くなる。 | ○ |
| 完全失業率 | 働きたいのに働けない人がどれだけいるか。 | 高いと会社は人を雇う余裕がないということなので、数値は低い方がいい。 | ○ |
| マネーストック | 金融機関から民間に供給されているお金の総量。 | 金融機関が積極的に貸出しを行なうと、マネーストックが増加し、一般的には景気がよくなる。 | ○ |

# 3時間目 金利と景気は表裏一体

次は**金利**だ。こんなの余裕だな。わはわはわは♪

（ほんまに声のでかい先生や……）

ここでいう金利とは**国債の利率と政策金利のこと**だ。というのも、銀行の金利など、金利と名のつくものは、国債の利率や政策金利から派生するものだからだ。

先生、政策金利ってなんですか？

政策金利とは、中央銀行（日本では日本銀行）が、物価や景気をコントロールするときに用いる金利のことだ。過去には公定歩合といって、中央銀行から銀行に対してお金を貸すときの金利を指していたが、現在では銀行がお互いに資金を貸し借り合うときに用いる短期金融市場の金利のことをいうぞ。

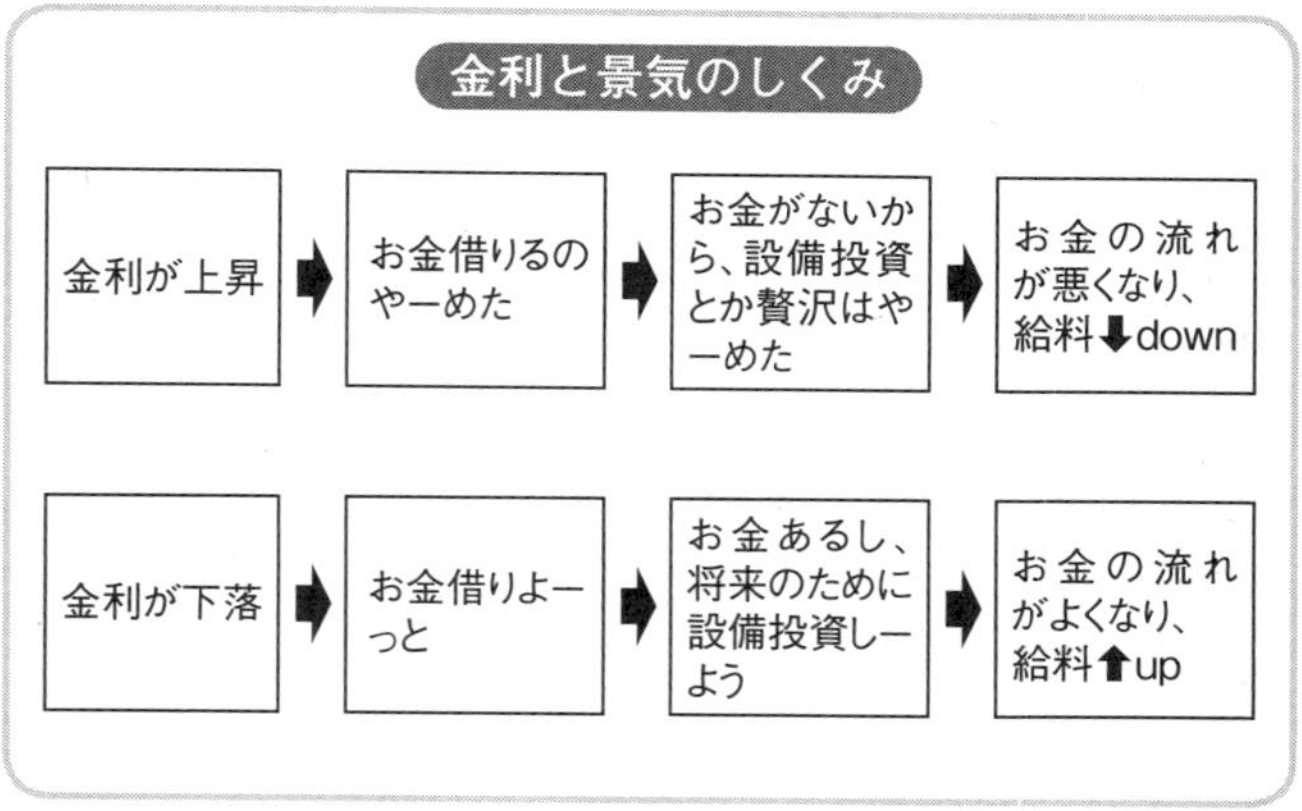

なんだか難しいですね。具体的には、どう金利を動かしているんですか？

ずばり、銀行が持っているお金の量を調節して短期金利を上下させているんだ。銀行の貸出金利が高いと、会社はお金を借りにくいだろ。そうすると、新たなビジネスを始めようとか、設備を新しくしようという気もなくなり、景気が停滞する。

こういうとき日銀は、銀行の持っているお金の量を増やすことで、短期金融市場の金利を下げさせるのだ。

なるほど。銀行も資金量が増えればお互いお金のやり取りがしやすくなるんやな。借りたい銀行は少しでも低い金利でお金を貸してくれる銀行を探せばええし、貸したい銀行も貸さなきゃ損やってことで金利を下げるっちゅうことか。

そういうことだ。こうして銀行同士の短期金利が下がれば、銀行は低金利でより多くのお金を調達できるから、銀行から事業会社への貸出金利も下がるというわけだ。

銀行から低い金利でお金を借りられるようになると、どうなるんですか？

銀行の貸出金利が下がると、会社は借りたお金を返すときの負担が減るわけだから、資金を進んで借りようとする。それによって、会社は新たなビジネスや設備投資への意欲が増し、経済が活性化するわけだ。

**要するに、日銀が政策金利の引き下げを発表すると、経済が活性化するのではとの期待が生まれ、株価も上がることが多いということだ。**

なるほど。ゼロ金利といって、0・10％といった低水準に抑えられているのは、そういう狙いがあったのですね。

そうだ！　バンバンお金を流して、経済を回せ！　そして、俺のようにもっと筋肉を鍛えろ！　うぉ～！

（なんやねん、こいつ……）

じつはバブルにも金利が関わっていたのだぞ。当時は公定歩合を用いていたが、金利の引き下げにより大量のお金が市場に出回ったため、会社も個人も、より有利な運用先を求めて株の買付に向かった。そのため、株価が実体経済とかけ離れて泡のように膨らみ、全体的に急激な上昇に転じたのだ。

すると、バブル崩壊のときには金利が上げられたりしたんですか？

株価が実体経済を反映していないことが市場に理解されだしたこともあるが、金利が上昇したこともバブル崩壊の理由のひとつだ。金利上昇によって株式市場から大量のお金が引き揚げられ、バブル時代に大量の株が発行されていたことから、供給が需要を大きく上回って株価は大きく下落した。バブルが崩壊したということだ。

世の中いろんなことがつながっとるんやなぁ。

次に国債の金利だ。たぶん理解してないやつが多いと思うが、**国債の価格が下がるのと、国債の金利が上がることがイコール**なのはわかるか？

国債の価格が下がると、金利が上がる？　う～ん……。先生わかりませぇ～ん。えへ♪

例を挙げて考えたらわかるで。国債が２００９年４月に１００円で発行されるとするやんか。仮に利率が年５％やとしたら、１年後に国債持ってりゃ１０５円もらえるやろ。その後株式市場が好調になって、国債を買いたいって人が減ったため、国債の価格が90円まで下がったと考えてみ。90円で国債買った人は２０１０年４月に１０５円もらえるやんか。ほな実質利率は｛５＋（１００－90）｝÷90×１００から16・７％ってわかるやろ。ほら、国債の価格が下がれば金利が上がってる。

## 国債の利回り

$$\text{利回り} = \frac{\text{もともとの利率} + \dfrac{\text{額面価格（100円です）} - \text{購入価格}}{\text{償還期限}}}{\text{購入価格}} \times 100(\%)$$

※償還期限とは、債券の所有者に資金を返却する期限までのこと。

遊太くん、なんでそんなに詳しいの？

遊太、やるな！　……って、教科書を丸読みしただけじゃないかー！

遊太くんらしいですね……。

さ、そんなことはおいといて、本題だ。

国債は安定資産であり、不況のときは株の値上がりが期待できないので、安定を求めて国債が買われる。そして、その勢いが続くと、国債の値段が上がり、金利は下がる。

金利が下がると会社はお金を借りやすくなるため、設備投資が上向き、生産活動が活発になって景気・会社業績がよくなりだす。すると、株価が上昇し、運用益が出やすくなるので、あまり国債は買われずにその分の資金は株式市場に流れてくる。

つまり、**株式市場と国債市場とは互いに相反する関係にある。よって、株式市場に投資するときは、同時に国債の値段にも気を配っておく必要があるといえるな。**

ということは、国が国債を乱発すると、その分株式市場のお金を吸い上げてしまうことになりますよね。これはいけませんね。

かといって、国債がまったく買われずに株式市場にばかりお金がいくと、政府予算が成り立たなくなる……。難しいわね。

結局、公共事業なんかで市場にお金をばらまいても、国債を乱発してお金を吸い上げたらあかんのやな。

その国債やけど、銀行がたくさん持っとるって聞いたことあるで。

遊太、お前よく知ってるな。そこにまた問題があるのだ。

さきほど、国債価格が下がればその分資金が株式市場に流入し、株式市場はよくなると話した。しかし、たくさん国債を持っている銀行にとっては資産が減ることになる。すると、銀行株はそれが懸念材料になって、株価が下がる。銀行の資産が減るとどうなるかわかるか？

貸し渋りとかするんちゃうの？　よく聞くやん。

お前、本当に冴えてるな！　自分の資産が減ってるのに、他人にお金を貸すのかという話だ。お前らも、自分の小遣いが残り１０００円のときに他人にお金を貸すか？　それと同じだ。つまり、国債の値段を気にしながらも、株式市場が上がることを願っている、ぎりぎりの状態が今の日本だ。株の勉強をすれば、いろいろなことが見えてくるだろ。たったこれだけ勉強しただけなのにな。簡単だろ？

ほんまですわ。株式投資よりも女の子をデートに誘うほうが、断然難しいですわ。

……。

そうだな、遊太。女心は難しいよなぁ。がはがはがは！

（あぁ、紀香先生……）

先生なら絶対大丈夫ですよぉ!!

がはがはがは！　そうか？
といったところで、少し休憩だ！

☆金利と株価はシーソーのような関係にある。すなわち、金利が下がると株価は上がり、金利が上がると株価が下がる傾向にある。

☆金融緩和策がとられ金利が下げられると、市場に出回る通貨の量が増え、その一部が株式市場に流入し株価が上昇する。逆に、金融引締め策がとられ金利が上げられると、市場から資金が引き揚げられ、株価が下落する。

☆金利が低ければ銀行預金をしたり国債を買うより、高い投資収益を求めて株を買う人が増え、株価が上がる。逆に金利が高くなれば、値下がりリスクのある株を売って、高利率の国債を買ったり、銀行の定期預金に預ける人が多くなり、株価が下がる。
☆株式投資においては、株式市場のみでなく、国債市場、政策金利も注意して見ておくべし。

# 4時間目 為替に左右される輸出業界・輸入業界

そういえば、最近私ニューヨークに行って、ショッピングしてきたのよ。海外旅行で面倒くさいのって、両替よね。いっそのこと、世界中で円で買い物ができるようになればいいのに。

そこにも株式投資のヒントがあるのだ！

どういうことですか？

よし、例を出してみよう。ニューヨークで買い物をするため、手元にある1万円をドルに両替する。為替レートが1ドル＝１００円であれば、１００ドルになる。一方、為替レートが1ドル＝２００円となった場合には、50ドルになる。

ということは、同じ金額の円について、1ドル＝１００円のときの方がより多くのドルを取得できる。逆に1ドル＝２００円のときはより少ないドルしか受け取ることができない。ちなみに、前者を**円高・ドル安**、後者を**円安・ドル高**と呼ぶのだ。つまり、ドルに両替したとき、**円高の方が同じ額の円を使ってより多くの買い物をすることができる**ようになる。

「円高・ドル安」ってよく聞きますよね。でも、それがなぜ株式市場に関係あるんですか？

彩くんがニューヨークで買い物をするように、日本の会社がアメリカから原料を調達することを考えてみろ。

あ、そうか。円高の方が、同じ金額の円でも、たくさんの量の原料を買えるのね。

逆に、円安なら原料調達費用が割高になるわけですね。

そういうことだ。では、逆にアメリカに物を売る場合はどうだ？　日本で100万円で売っている自動車を考えてみろ。

1ドル＝100円なら、そのまま1万ドルで売ればええけど……。

１ドル＝２００円というように円安にふれたらどうなる？

アメリカで５０００ドルで売るのと、日本で１００万円で売るのとが、会社側には同じ意味を持ちますね。

会社側の利益額は一緒なのに、アメリカの人たちが買う値段は半分。同じ商品で値段が半分になったら、さらに売れて会社側にはうれしい話よね。

アメリカでも日本と同じ値段で売れるとしたら、利益額は2倍になりますしね。

要するに、**「円安なら輸出業界がハッピー♪　円高なら輸入業界がハッピー♪」**ということやね。

お前ら、だいぶわかってきたな。円安なら輸出業界、つまり電機産業や自動車産業などの利益が多くなると予測できる。そうすると、輸出業界の株価は上がる。しかし輸入業界、つまり電力、ガス、食品、紙、パルプ産業などは逆に利益が減ると予測できるので株価は下がる。円高のときはその逆になるわけだ。

**それと、海外に依存する率が高いほど、為替の変動に伴う株価の変動も大きくなる。**投資をするなら、こういうところまで見なければならん。

先生が最初におっしゃった通り、いい勉強になりますね。新聞読むのがちょっと楽しくなりそうです。

ははははは！　そしたら、もう少し具体的に為替について考えてみよう。２００３年からのイラク戦争では、為替はどう動いたと思う？　総じて円高・ドル安になったのだ。イラク戦争の戦費負担によるアメリカ財政のさらなる悪化、テロ再発の懸念による心理的なドル売りなどが重なったからだ。

先生とお勉強するの、すごく楽しいですぅ❤

しかし、どちらに為替が動くにしろ、あまりに急激な変動が起きると、輸出業界・輸入業界の一方にかなりの負担が生じ、結局のところ株価全体に悪影響を及ぼすのだ。

急激な円安で自動車産業がものすごい利益を上積みしても、一方で食品産業が困窮して食べ物の値段を大幅に上げれば、日本全体としてはそんなにいいことではないよな?

そうですね。僕ら庶民にとって食べ物の値段が上がることは痛手ですから、家計を維持するために出費を減らすことになりそうです。そうしたら、いくら海外で車が売れても、日本国内では車の売れる数は減りますね。

そうだ。だから、**急激な為替変動がないように、政府・日銀が国家予算を使って為替市場に介入することもある。**だから、こういう政府・日銀の政策にも注意せねばならんのだ!

先生の説明ってすごくわかりやすいです❤

ぬははは!　そうか!　ははははは!

☆為替の動きは会社の業績に大きく影響を及ぼす。

輸出業界⇓円高 ×　円安 ○

輸入業界⇓円高　○　　円安　×

※円高傾向になれば、為替差益を狙って外国人投資家が日本株投資を増やすとともに、円高対策で政府が政策金利を引き下げたり、外国人による日本の国債購入により国債価格が上昇し金利が低下するなど、株高要因になる。しかし、結局のところ円高・円安のいずれにしても、会社の対応力を超えた急激な為替の変動は株価にとってマイナスといえるため、政府がどのように為替に介入してくるかも考えねばならない。

# 5時間目 政治・国際情勢も要チェック

むむ、俺の筋肉が筋トレを望んでいるな。残りは簡単だし、簡潔にいくぞ。

えっ。めっちゃ適当やん……。

まずはお前ら、政治だ。景気刺激策などの経済政策は政府が決定するのだから、どの政党が政権を握るか、誰がどういう省庁のトップになるかなどの政治動向も、株価に影響する。公共事業をどうするかというのは、とくに建設業界にとっては大問題だしな。
それと、政権争いや政界スキャンダルなどによる政治の混乱も、経済政策の実施の遅れを引き起こしたり、不安心理をあおるので、株価にはマイナスの影響を及ぼす。

たしかに、エジプトで革命が起こったときは株価下がってたな。株式市場にとっては、政治が安定していることがええんやな。

次は国際情勢だ。世界各地でまだまだ起こっている戦争も、株式市場に影響を与えるわけだ。中東情勢が不安になると原油を材料としている石油製品メーカーの株価は下がるし、新型インフルエンザ懸念ではマスクを作っている会社の株が上がった。
これだけビジネスがグローバルになってきている現在、国外の出来事によって会社業績が影響を受けたり、戦争などによって不安が高まると、株式市場からお金が逃げたりもする。

株式市場って、あらゆるものを織り込んだものなんですね。こうなってくると、どんなに小さなニュースでも影響があるように思えてきます。

勤、その通りだ！　新聞のはしっこに書かれている小さなニュースであっても、よく考えてみると業績に大きく影響を与えるものだったりする。それがわかるようになってくると、株式投資はより楽しくなるし、儲けも出るぞ！　ぐわっはっはっは!!

その豪快な笑い方もス・テ・キ❤

俺の授業はこんなところか。金七先生や紀香先生の授業と合わせれば、株式投資の基礎はバッチリだ。あとは実践あるのみ！　さあ、待ちに待った筋トレだ！

……。

先生、携帯の番号教えてくださぁ～い❤

（あかんわ、こりゃ……）

（僕も紀香先生に携帯番号聞いとけばよかった……。はぁ……）

☆政治動向にも注目すること
「政権交代」「対外政策」これが株式市場に影響を与えるキーワード。
☆国際情勢にも気をつけること
具体的には、海外市場、感染症、テロなどに注意。

## 宿題　情報の集め方

遊太・勤・彩は講義も終わり、それぞれ帰路についた。そして、テレビでも見ようかと思ったそのとき……

「郵便でぇす！」

何かが届いた。差出人には「株レラ」と書いてある。

郵便をあけると、そこにはこんなことが書いてあった……。

「株式投資に欠かせない情報収集の実践方法を教えるぞ！　量が少なくて残念だが、これを見て明日の昼までに俺のところにレポートを書いて持って来い。なぁに、あと18時間ほどある。俺はトレーニングルームにて待っているぞ。がはははは!!」

（絶句……）

では、ひとつずつ見ていこう。

## 1. 日経新聞の読み方

日本で一番よく読まれている経済新聞で、ビジネスマンが情報を集める際の基本ツールである。

日経新聞を読むことで、Ｌｅｓｓｏｎ２　３時間目とＬｅｓｓｏｎ３で扱ってきた各種ニュースを知ることができる。

**株レラポイント！**

「何があったか」という事実から、「だからどうなるか」という見通しを立てよう。そして、その見通しが本当に起こりうるか、各種データと照合してみよう。世間の予測と、自分の見通しが異なるとき、そこに株式投資のヒントが隠れているのだ！

## 日経新聞の紙面構成

| 紙面 | 内容 | 重要度 |
|---|---|---|
| 1面（見出し） | その日のもっとも重要なニュースを扱う。必ず読むべし。 | ◎ |
| 1面右下 | 前日の日経平均・円相場・長期金利などのおもな指標を簡単に紹介。要チェック。 | ◎ |
| 2面 | 社説・政治面。 | ○ |
| 3面 | 1面の記事内容を掘り下げたのが3面。1面のニュースの理解を深めるためにも読みたい。 | ○ |
| 特集 | 日経がもっとも力を入れる特集。経済の大きな流れがつかめる。時間があれば読みたい。 | ○ |
| きょうのことば | 3面にある重要な経済用語や最新の技術用語など、経済を読み解くのに必要な言葉を解説。 | ○ |
| 経済 | おもにマクロ経済に関する動きを扱う。 | ○ |
| 国際 | 国際的なニュースや政治情勢を経済的な切り口から扱う。 | ○ |
| 企業総合 | 企業情報で重要なものを扱う。 | ◎ |
| 企業 | 企業の提携・合併や新商品・新技術などを扱う。 | ○ |
| 投資・財務 | 企業の決算や資本政策、標石、またその見通しなどを扱う。 | ○ |
| マーケット総合 | 1面の各指標を詳しく説明する。株式市場全体の動きや、目立った動きをした銘柄を扱う。詳しい指標欄もここ。 | ◎ |
| 大機小機 | マーケット総合面のコラム。経済に関するさまざまな視野が養える。 | ○ |
| 証券 | 前日の各証券取引所における全銘柄の値動きを示したもの。 | ◎ |
| 商品 | 国内・海外市場での石油や天然ゴムをはじめとする各商品の値動きを示したもの。 | ◎ |
| 経済教室 | 専門家・学者が経済問題の解説や提言を行なう。 | ○ |

## 証券面の見方

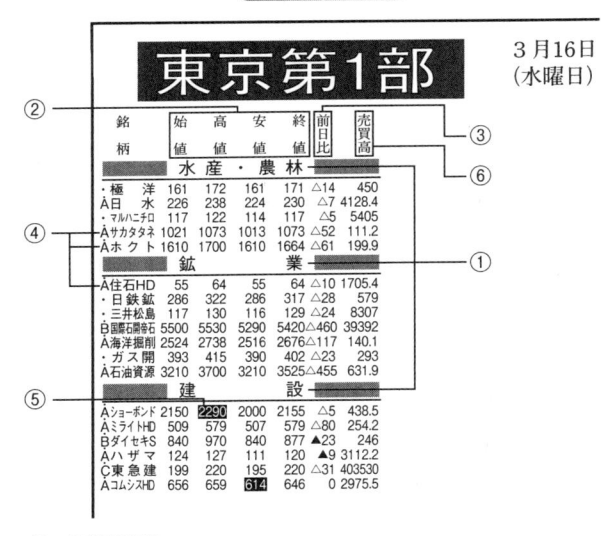

### 東京第1部

3月16日
(水曜日)

| 銘柄 | 始値 | 高値 | 安値 | 終値 | 前日比 | 売買高 |
|---|---|---|---|---|---|---|
| **水産・農林** | | | | | | |
| ・極　洋 | 161 | 172 | 161 | 171 | △14 | 450 |
| A日　水 | 226 | 238 | 224 | 230 | △7 | 4128.4 |
| ・マルハニチロ | 117 | 122 | 114 | 117 | △5 | 5405 |
| Aサカタタネ | 1021 | 1073 | 1013 | 1073 | △52 | 111.2 |
| Aホクト | 1610 | 1700 | 1610 | 1664 | △61 | 199.9 |
| **鉱業** | | | | | | |
| A住石HD | 55 | 64 | 55 | 64 | △10 | 1705.4 |
| ・日鉄鉱 | 286 | 322 | 286 | 317 | △28 | 579 |
| ・三井松島 | 117 | 130 | 116 | 129 | △24 | 8307 |
| B国際石開帝石 | 5500 | 5530 | 5290 | 5420 | △460 | 39392 |
| A海洋掘削 | 2524 | 2738 | 2516 | 2676 | △117 | 140.1 |
| ・ガス開 | 393 | 415 | 390 | 402 | △23 | 293 |
| A石油資源 | 3210 | 3700 | 3210 | 3525 | △455 | 631.9 |
| **建設** | | | | | | |
| Aショーボンド | 2150 | 2290 | 2000 | 2155 | △5 | 438.5 |
| AミライトHD | 509 | 579 | 507 | 579 | △80 | 254.2 |
| BダイセキS | 840 | 970 | 840 | 877 | ▲23 | 246 |
| Aハザマ | 124 | 127 | 111 | 120 | ▲9 | 3112.2 |
| C東急建 | 199 | 220 | 195 | 220 | △31 | 403530 |
| AコムシスHD | 656 | 659 | 614 | 646 | 0 | 2975.5 |

① 各種業界名。
② 前日の始値、高値、安値、終値。「−」は取引がなかったことを示す。
③ 前日の終値と前々日の終値を比べたもの。△だと株価は上昇しており、▲だと下落している。
④ 売買単位を示す。
A=100株　B=1株　C=10株　D=50株　E=500株
F=2,000株　G=3,000株　K=200株　無印=1,000株
·=貸借銘柄
⑤ 年初来高値（その年で1番高い値）または安値（1番安い値）を示す。
⑥ 前日の売買高。

## 2. 業界展望・業界動向

各業界にはそれぞれ特徴がある。
それぞれの特徴をつかむことで、どんなニュースで株価がどう動くかを、予想することができる。

**株レラポイント！**

業界を見る際のキーワードは海外進出・業界再編・新技術の３つ！

- 少子化で長期的には消費が落ち込む国内市場から、いかに海外進出するか。
- 国際競争に打ち勝つために、国内の会社が協力して収益基盤を築けるか。
- 従来の技術に満足せず、新技術を開発して独自の商品を生み出せるか。

将来的に日本の会社が発展するためには、以上のことが鍵になるのだ！

| 業界名 | 業種動向と特徴 |
| --- | --- |
| 水産・農林業 | 政府による漁獲量制限や各種法規制、補助金制度などが大きな影響力を持つ。とくに農業は農地制度改正により農地を借りやすくなったことを受け、企業の新規参入が増加。外に目を向けるとTPP（環太平洋戦略的経済連携協定）が大きなテーマ。 |
| 鉱業 | 採掘活動をするための権益確保が必須。採掘して取り出したものがいくらで売れるかの商売であるため、市場価格が上がれば増益が見込める。海外事業の占める割合が高いため、為替の影響も受けやすい。 |
| 建設業 | 国内は住宅エコポイントなどの個人向け需要への追い風があるも、大型の公共事業受注が減少し厳しい。海外展開が求められるが海外進出には競争相手が多い。 |
| 食料品 | 消費者嗜好の多様化により、ヒット商品を生み出す商品開発力が勝負。また、健康志向の高まりにより「食の安全」に対して消費者は敏感に反応するため、不祥事を起こすと当然株価は下がる。 |
| 繊維商品 | 世界的な素材不況で厳しい一方、航空機用炭素繊維の回復基調なども見られる。繊維技術を用いた水処理膜の水ビジネスへの応用など、既存事業の強みを活かした多角化が求められる。 |
| パルプ・紙 | 企業向けチラシなどの需要が落ち込み国内市場が縮小していく中、業界再編への動きが見られる。輸出や海外展開の成否が焦点。 |
| 化学 | 石油化学部門は中国や中東で大型プラントが稼働を開始するなど、海外企業との競争が激化。そのため、国内ではプラントの統合など、生き残りのための調整が続く。製造のコストダウンなど競争力向上に関連するニュースは株価にプラス要素。 |

| 業界名 | 業種動向と特徴 |
|---|---|
| 医薬品 | 株価が比較的安定している業界（景気の良し悪しにかかわらず、人は病気になるため売上が安定）。注目すべきは新薬開発や薬価改定のニュース。また、新薬に限らず後発型（ジェネリック）医薬品市場も新規参入が多い。 |
| 石油・石炭製品 | 原料である原油の市況に左右される。原油価格はOPEC（石油輸出国機構）の生産体制の変化や、産出国の情勢不安などに影響を受ける。原油価格先物には大きく分けて３種類（WTI、北海ブレンド、中東産原油）あるが、日本では輸入量が多い中東ドバイ産を指標として使っている。昨今では国内需要が激減。再生可能エネルギーなど非石油系部門の新規分野開拓を急ぎ、他業種との提携などにも動き出している。 |
| ゴム製品 | 原材料費は天然ゴム価格、ひいては原油価格に影響される。製品の差別化が難しい上に国際競争が激しく、コスト競争力が重要となってくる。 |
| ガラス・土石製品 | 国内板ガラス販売は頭打ちの様子。しかし、液晶テレビ販売の回復を受けて液晶用ガラス基板の販売が好調。今後は太陽電池用カバーガラスに期待。将来的に市場が成長する新興国向けに販売を拡大。 |
| 鉄鋼 | 世界の粗鋼生産量は減少傾向も、インド、中国は順調に伸びている。通年から四半期への値決め期間短縮で業界混乱。海外の資源大手による川上の寡占がつづいている。技術力を生かしての海外進出が鍵。 |
| 非鉄金属 | 鉱石を安定調達するため、鉱山開発などの権益獲得に意欲を見せている。品位の低い鉱石でも製錬できる技術力を強みにしている企業が多く、投資する際にはその会社が扱う素材の市場価格とともに押さえておこう。 |

| 業界名 | 業種動向と特徴 |
|---|---|
| 機械 | 機械受注数は景気を如実に表す。景気動向の先行指数であり要チェック。月次の受注数を発表している企業もあり、踏み込んだ業績分析ができる場合もある。 |
| 電気機器 | 不採算事業からの撤退が進む。背景には日本企業の低い利益率やアジア勢の猛追がある。縮小傾向の国内市場からいかに飛び出せるかが鍵となる。 |
| 輸送用機器 | 自動車は代表的な輸出産業のため、為替が業績に大きく影響する。一台の車を作るために多くの部品が必要になるため、サプライチェーンが多岐に渡り、一見関係ないニュースが製造に影響することも。子会社、関連会社もある程度抑えたい。EV事業における米国・欧州勢を巻き込んだ競争も加速。業務提携や合弁を含め、業界再編が進む。中国などの新興国が自動車販売の主戦場となったため、アジアを中心とした新興国戦略にも注目。 |
| 精密機器 | 半導体集積回路生産額や、受注動向の指標に注目(日本半導体製造装置協会のHPなどもチェック)。米インテルのみならず、韓国、台湾勢の猛追を受け日本勢の市場占有率縮小。新技術の開発などのニュースは株価にプラスの影響。 |
| ゲーム | 発売したゲームが売れるかどうかにかかっている。ある程度売れるシリーズものを持った会社は強い。スマートフォン向けのゲーム市場も拡大している。 |
| 電気・ガス業 | 業績・株価安定業界のひとつ（電気やガスは好景気でも不景気でも同じくらい使用するため）。ただし、電力会社が所有する発電所で事故などの不祥事が起これば、株価は当然下落する。オール家電を進める電力会社に対して、家庭用燃料電池で対抗するガス会社の攻防も。さらに、次世代送電網スマートグリッドも注目を集める。 |

| 業界名 | 業種動向と特徴 |
| --- | --- |
| 陸運業 | 貨物輸送量は景気に左右されやすく、国際、国内ともに荷動きは停滞傾向。しかし、水面下ではアジアを中心とした海外進出や再編などの将来を見据えた動きが始まっている。また、鉄道はインフラ輸出の要として注目されている。 |
| 海運業 | ばら積み船運賃の総合指数であるバルチック指数に注目。需要に大きく左右される。また、運行状況を調べるときには、定期船と不定期船のバランスにも注意しよう。 |
| 空運業 | オープンスカイなどの法規制、ジェット燃料価格の高騰や格安航空会社（LCC）の台頭。地方空港の地位低下、羽田空港の国際定期便運航開始など大きく業界が変動している。一般にテロ・感染症・景気に大きく影響を受ける。 |
| インターネット・通信会社 | 固定ブロードバンド通信は光ファイバー通信が順調に契約数を伸ばす。スマートフォンやタブレット端末の普及により、高速無線のモバイルブロードバンド通信も需要が増加。また、クラウドコンピューティングが消費者向け・業者向けともに市場拡大中。 |
| 携帯電話 | 総務省はひとつの端末でひとつの通信会社しか使えないように制限する「SIMロック」を解除する方針。さらに、通信方式を海外と同じ方式に統一することと併せて、国内市場が世界から孤立する「ガラパゴス化」からの脱却を目指す。 |
| 商社 | 事業が多岐に渡るため、どのニュースが株価に影響するのか判断が難しい。各社の収益基盤となっているセグメントと、今後の事業方針に軽く目を通してからニュースに触れるのがいいだろう。中でも受注額の大きいプロジェクトのニュースは要チェック。 |

| 業界名 | 業種動向と特徴 |
|---|---|
| 小売業 | 個人消費に左右されるため、景況感に左右されやすい業界といえる。参入障壁が低い一方、全体のパイの大きさは限られているので消費者ニーズをうまく取り込み、コスト削減を進めている企業に注目。 |
| 銀行業 | 景気の動向にもっとも影響される。株価が全体的に上がっているときは銀行株も上がっていることが多い。国内大手銀行は国際的な自己資本比率規制を受けて、融資減の傾向。地方銀行は経営統合など再編が進む。 |
| 証券・商品先物取引業 | ほとんどの証券会社は手数料収入がおもな収入であり、そのため、日経平均や売買高、売買代金が上がれば必然的に業績も上がる。新規案件を求めて海外への進出も課題である。 |
| 保険業 | 資産運用のパフォーマンスは株価全体の動きに注意。有事の際の支払い能力の指標となるソルベンシーマージン比率や再保険なども話題に。 |
| その他金融業 | 貸金業法の施行で大打撃。上限金利の引き下げのみならず、総量規制によって全体のパイも小さくなり、経営環境はますます厳しい。銀行主導で再編が進む。 |
| 不動産業 | 依然として地価は安く、オフィス市場は弱含み。空室率が高いことに加えて賃貸料も下落傾向が続き、収益を圧迫。価格低迷を続けるREIT（不動産投資信託）は新規の物件取得や資金調達に苦慮し、合併などの動きも見られる。今後の動きに注目。 |
| サービス業 | 国内需要に依存するサービスは景況感に左右されやすい。多様化している顧客のニーズに対して、どのように自社の強みを生かしたサービスを提供できるかがポイント。新規イベントやサービスの開始などのニュースは株価にプラス要素。 |

## 3. 株を買う上での情報収集の手段

経済状況とは常に変化するものであり、株式投資においては「最新の情報」がその成否を分けるといえる。会社が発表する業績に関する情報はもちろん重要であり、その見方はＬｅｓｓｏｎ２で説明したが、それ以外にも株式投資をする際にはさまざまな種類の情報が、第三者から投資家に提供されている。

これらの情報は、より深くその会社を知るために必要であるばかりでなく、会社からの説明責任・情報公開という、市場参加に必要不可欠な要素をチェックする際にも重要なものである。

**株レラポイント！**

情報収集は、株式投資の第一歩。『会社四季報』、雑誌、インターネットなどを駆使して、他の投資家の先をいけ！

## 『会社四季報』

１９３６年より刊行されている投資家のバイブル。東洋経済新報社から、年に４回発行される。日本国内で上場しているすべての会社（約３７００社）が対象で、原則として１ページに２社のデータが記載されている。

①業種――すべての会社は33業種のいずれかに属する。
②社名・事業内容・本社住所など
特色――事業内容・系列関係・業界地位などの特徴。
証券コード――各社に与えられる４桁の番号。近い番号が割り振られる。
連結事業――部門別売上高の構成比と前期からの変化率。
海外――海外売上の割合。
③上場取引所――上場しているおもな取引所。

④記事
前半部分――事業活動の今後1年間の業績や見通しを解説。
後半部分――中期の展望、または新技術、製品、工場などの最近のトピック。

⑤業績――会社業績の推移。決算期の右に「予」とつくものは予想数字。これは、『会社四季報』編集部の判断によるもので、会社からの発表と異なる場合がある。

⑥業績修正変化記号――前号と比較し、『会社四季報』編集部による予想営業利益の増減を矢印で表示。

⑦配当――配当の推移。業績同様、決算期の右に「予」とつくものは予想数字。

⑧株主――上位株主10名の構成とそれぞれの持ち株数および持ち株比率。

⑨役員・連結会社――役員名、おもな連結対象子会社。

⑩財務

株式――発行済株式数、売買単位、時価総額。

財務――各種財務関連の数値。

⑪資本異動・株価

資本異動――新株発行・株式分割などによる発行済株式数の変化。

株価欄――株式公開日以来の株価と、その期間の高値、安値、出来高。

東経業種別時価総額順位――東洋経済新報社が発表する業種別時価総額順位において、どの位置にあるか。

特許――特許の有効件数および出願件数。

⑫株価チャート――過去3年程度の株価チャート、出来高および信用取引の状況。

⑬株価指標――ＰＥＲやＰＢＲ、直近の株価。

## 会社四季報

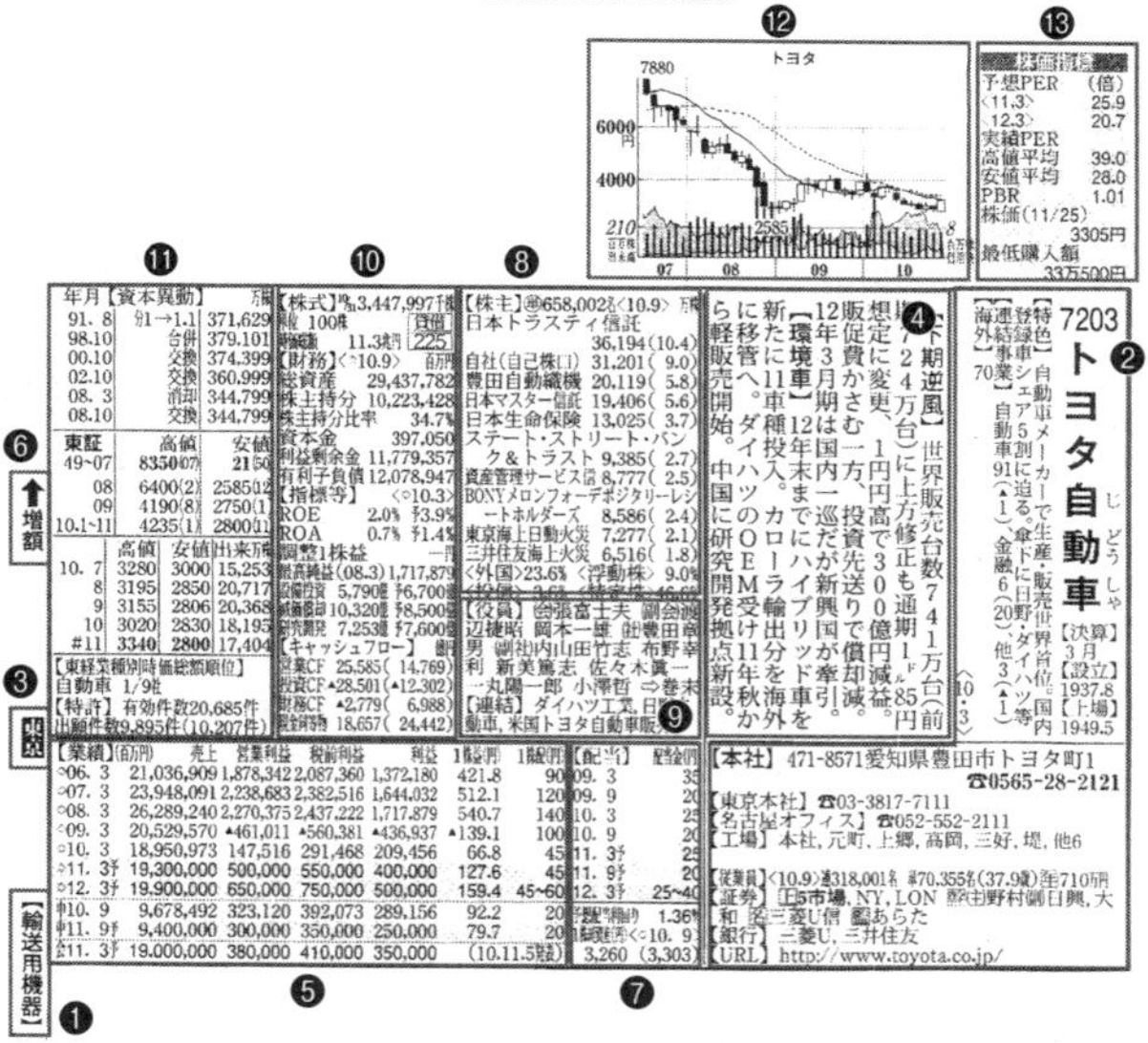

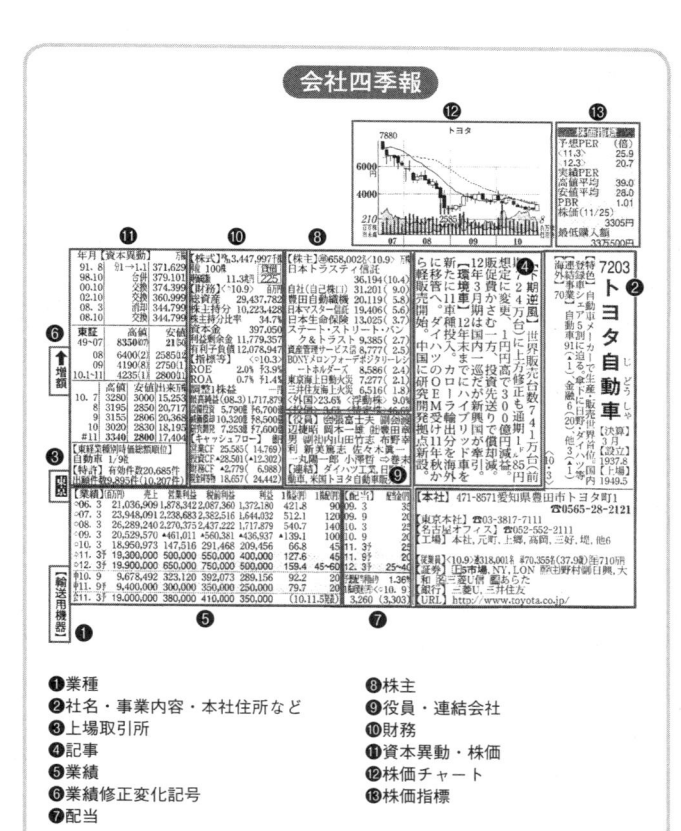

❶業種
❷社名・事業内容・本社住所など
❸上場取引所
❹記事
❺業績
❻業績修正変化記号
❼配当
❽株主
❾役員・連結会社
❿財務
⓫資本異動・株価
⓬株価チャート
⓭株価指標

『会社四季報』2011年1集新春号（東洋経済新報社）をもとに作成

**株レラポイント！**

忘れてはいけないのは、これらは過去の情報であって、すでに現在の株価に織り込まれているということ。
株式投資にとって重要なのは、将来であって過去ではない。過去はあくまで将来を予測するための手段にすぎないのだ！

## 雑誌

いくつか株式投資関連の雑誌が存在するが、その中でも『ダイヤモンド・ザイ』（ダイヤモンド社）『オール投資』（東洋経済新報社）『日経マネー』（日経ＢＰマーケティング）の３誌がメジャーである。値段も７００円ほどとお手頃である。

難易度や情報量に多少ばらつきはあるものの、推奨銘柄や投資する際に注目すべき点がプロの投資家達によって詳しく述べられており、どれも株式投資の助けとなるであろう。

ただし、あくまでも他人の意見なので、自分の知識と経験による判断が求められる。

## インターネット

『会社四季報』や雑誌などに加え、情報収集のツールとして台頭してきたのがインターネットである。現在、上場している会社のほとんどが自社ホームページを持っており、パソコンからその会社の多くの情報を収集することが可能となった。

また、株式投資専門のサイトも多数存在し、そこではチャートや証券会社が発行したレポートなど、さまざまな情報が取得できる。

さらに、インターネットはたんに情報を得る手段のみならず、売買を行なうツールとしても発展してきた。従来は証券会社の窓口に出向いて口座開設の手続きをし、売買のときには証券会社に連絡を取る必要があったが、１９９８年以降、ネットを通じて売買を行なうことができるネット証券会社が登場。手数料の安さから、個人投資家に広く普及した。今では個人投資家による株式売買の９割以上が、ネットを介して行なわれている。

## インタビュー❷「No fun No gain」

**西村　琢氏**

慶應大学４年次に松下電器産業（現パナソニック）アントレプレナーインターンシップに応募。約５００人の中から優勝し、松下電器の出資を受けて会社を設立する権利を手にする。その後独立し、２００５年５月ソウエクスペリエンス代表に就任。

――西村さん、よろしくお願いします。そもそもなぜ西村さんがベンチャーというものに興味を持たれたのかということを教えてください。

僕の場合、株式投資を高校３年生のときからやっていて、それがきっかけですね。その頃はＩＴバブルで、メディアに登場する数多くの経営者を見て「かっこいいなー」と、密《ひそ》かに憧れていました。それがちゃんとした形になってきたのは、大学で投資クラブを作ってからですね。僕らの投資クラブは、投資をするだけではなく、いろいろな会社を訪問してお話を伺いに行ったりしていたんですね。会社ってそもそも形のないものだけれど、経営者に会えばなんとなく見えるんじゃないかということで。その中で多くの魅力的な経営者に出会うことができ、「自分の進むべき道は、これだ!」と思えてきたんですね。僕の中では、スポーツ少年が松井や中田に憧れるのと同じような感じで、経営者に憧れを抱いていたんです。

——では、西村さんの起業にかける意気込みとは?

成功することです。会社を軌道に乗せて、よりよい世の中作りに最大限貢献したい。将来的にはベンチャーっていわれないようにしたいですね。「100億、200億の規模になりました」っていうところで満足せず、もっともっと大きいことをやってみたいですね。

——熱いハートを感じますね! では、起業の醍醐味も教えてください。

根本的な部分を決める責任が、すべて自分にあるというところです。会社経営に正解はありません。そもそもなんのために会社をやるのか、どんな事業をするのか、どんな戦略でいくのか。すべて自分で決めるっていったら、それは独裁になっちゃいますけど（笑）。それは辛いことでもあるんですけど、すごく楽しいですね。その際に重要だと僕が考えているのが、人に相談しちゃいけないということです。相談したらその時点で、思考停止状態になっちゃうと思うんです。もちろん人の意見は参考にするんですけど、最終的な結論は自分で下すように心がけています。

――では、西村さんの哲学みたいなものはありますか？

僕の憧れているタリーズコーヒージャパン元代表取締役社長の松田公太さんが「Ｎｏ ｆｕｎ Ｎｏ ｇａｉｎ」とおっしゃっているのですが、僕もまったく同感です。楽しんでやることが何よりも重要だと思います。あとは常に志を高く持ってアクションを起こすこと。ベンチャーって入口がすごく狭くて、その入口に入るのすら難しいですよね。でも、その入口の向こうには無限の可能性がある。チャレンジする前からその可能性を否定したりせず、まずはその可能性に賭けて前進できるだけの志の高さが必要だと思います。そしてもうひとつ、常に「自信」と「謙虚さ」をバランスよく併せ持つこと。多くのパートナーと共に事業を展開していく上で、必要ではないかと思っています。

——最後に、ベンチャーを目指そうとする人へのメッセージをいただけますか？

「怖がらずにチャレンジする」これに尽きると思います。アクションを起こしていれば人や情報が集まってきますし、アクションを起こさなければ、何も始まらないままいつの間にか終わっちゃいますからね（笑）。

——ありがとうございました。これからも熱いハートで頑張ってください。

# Lesson 4
# リアルに銘柄選択してみました

## 銘柄選びの思考プロセス

Ｌｅｓｓｏｎ３まで読んできた皆さんは、遊太くん、勤くん、彩ちゃんの３人と一緒に、株式投資に必要な知識をひと通り学んできたことになります。すでに個人投資家になるための大きな第一歩を踏み出しているわけです。

さて、そろそろ皆さんの心の中に、大きな疑問が悶々と湧き上がっているのではないでしょうか？

「今まで学んできた知識をどうやって使えば〝成功する投資〟に結びつくのだろう？」

Ｌｅｓｓｏｎ４では、そんな皆さんに、投資する銘柄を選ぶためのリアルな思考プロセスを知ってもらいたいと思います。皆さんが投資家として実際に銘柄を選ぶことになるのです。

次のページに思考プロセスのモデルを提示します。常に図のようにうまく進むとは限りませんが、ひとまずこの順序を頭に入れておくといいでしょう。

## 銘柄選びの思考プロセス

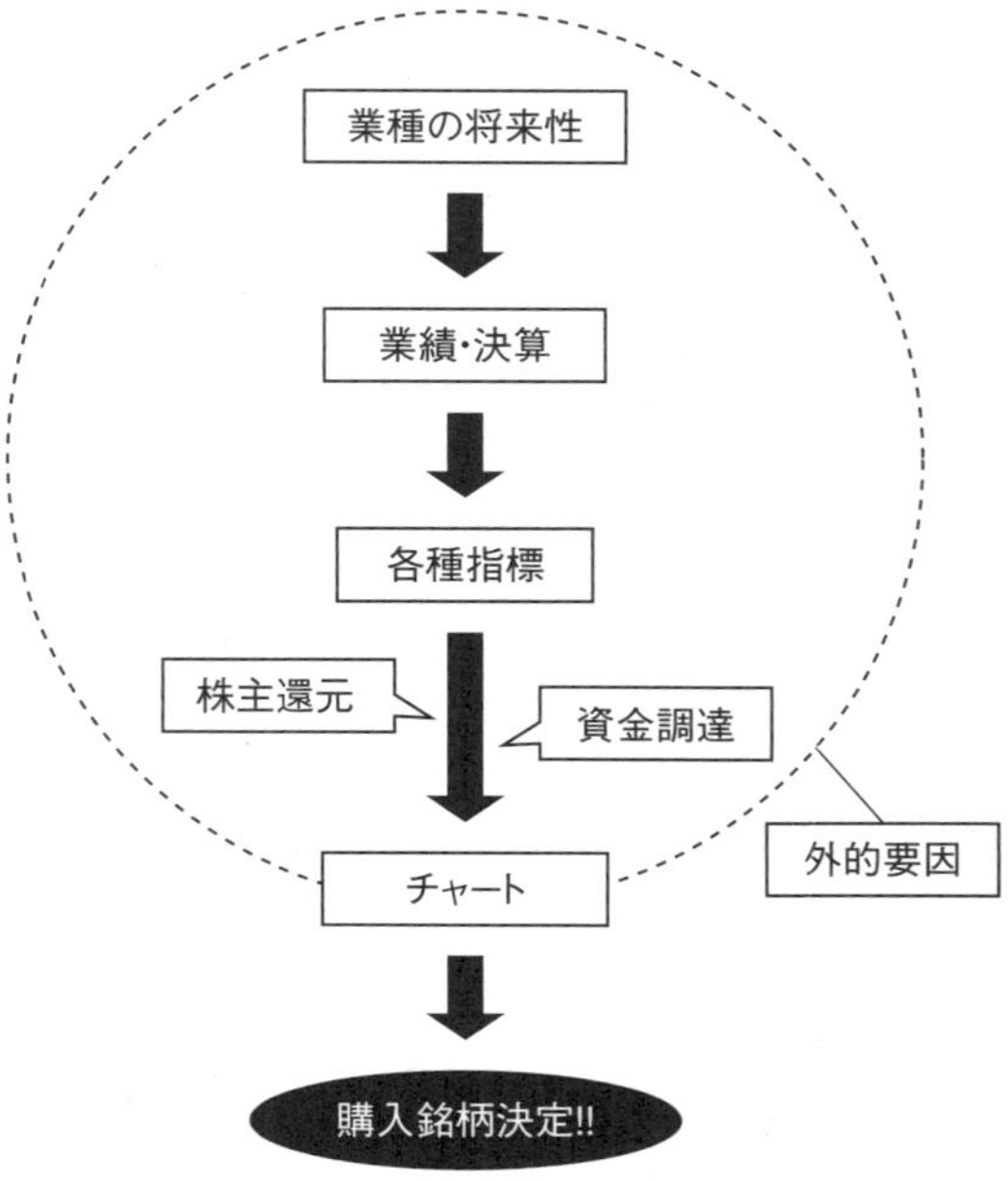


※外的要因については手順の各場面で考慮する必要があることを示しています。

株式投資についていろいろと学んできた遊太くん、勤くん、彩ちゃんの3人は、実際に株を買ってみることにしました。

ふぅ、授業終わったなぁ。これだけ勉強したんやから、もう大金持ちになれるな。

だからぁ〜、株を買ったからってすぐにお金持ちになれるとは限らないのよ。まったく……今まで何を勉強してたのよ。

そもそも株を買うだけの資金はあるんですか?

そうよねぇ。ミニ株で買うにしたってそれなりのお金はいるわよ。

あ、そうやった……。

じゃあ、みんなでお金を出し合って投資してみるっていうのはどう?

あ、彩さん、それは投資クラブっていうやつですね。

投資クラブってなんや?

投資クラブっていうのは、簡単にいうと、みんなでお金を出し合って株を購入する団体のことですよ。つまり、どんな銘柄を購入するかは全員で話し合って決めることになるんです。

おもろそうやな。それでやってみようや。ほな、何買う？

（せっかちだな……）

数日後、せっかちな遊太くんは、あっという間に投資クラブ設立のための手続きを済ませ、投資クラブ「株とむし」を設立させました。

実際にどの銘柄を買うかっていうのは、難しいわね。

全部買えばええねん。

そんなに資金あるの？　まあいいわ。まず、どんな銘柄にするか考えましょう。

（怒らせてもうた……）そりゃまあ、とりあえず身近な会社がええよな。

当然業績がいいことも必要ですね。

株レラ先生に習ったように、業種全体の動きを見ながら買うべきよね。

それだったら紀香先生に習った割安・割高の指標も大事ですね。

やれやれ…。まあ、とにかく来週までに、各自よさそうな銘柄探してきてや。

資料はまとめてきた方がいいわね。いつ頃からの資料を集めてくればいいのかしら?

せやな、ここ3年くらいのでいいんちゃう?

(何を推薦しよう? 絶対ボクの銘柄を……。そして紀香先生を……)

では、改めて期間を設定しましょう。

ここでは、２００９年4月に買って、２０１０年の3月に売ることにします。自分なりの売りラインを決めておくのは大事ですが、ここでは1年間持ち続けることにしましょう。

さあ、182ページからのデータを見てください。遊太くん、勤くん、彩ちゃんの3人がそれぞれ1銘柄ずつ推奨しています。

あなたならどの銘柄を買いますか？

## ソフトバンク～NTTドコモ、KDDIと比較しながら～

損益計算書　(ただし、2009年3月期は会社予想値)

ソフトバンク　(単位：百万円)

| | 2006年3月期 | 2007年3月期 | 2008年3月期 | 2009年3月期 |
|---|---|---|---|---|
| 売上 | 1,108,665 | 2,544,219 | 2,776,169 | 公表せず |
| 営業利益 | 62,299 | 271,066 | 324,287 | 340,000 |
| 経常利益 | 27,492 | 153,423 | 258,614 | 公表せず |
| 純利益 | 57,551 | 28,815 | 108,625 | 公表せず |

NTTドコモ　(単位：百万円)

| | 2006年3月期 | 2007年3月期 | 2008年3月期 | 2009年3月期 |
|---|---|---|---|---|
| 売上 | 2,554,026 | 2,598,724 | 2,517,841 | 4,597,000 |
| 営業利益 | 379,017 | 390,988 | 392,338 | 830,000 |
| 経常利益 | 525,742 | 654,167 | 576,706 | 公表せず |
| 純利益 | 412,566 | 520,592 | 410,448 | 495,000 |

KDDI　(単位：百万円)

| | 2006年3月期 | 2007年3月期 | 2008年3月期 | 2009年3月期 |
|---|---|---|---|---|
| 売上 | 3,060,814 | 3,335,259 | 3,596,284 | 3,500,000 |
| 営業利益 | 296,596 | 344,700 | 400,451 | 443,000 |
| 経常利益 | 294,001 | 350,923 | 407,926 | 440,000 |
| 純利益 | 190,569 | 186,747 | 217,786 | 250,000 |

貸借対照表　(単位：百万円)

| | ソフトバンク | NTTドコモ | KDDI |
|---|---|---|---|
| 総資産 | 4,302,673 | 6,381,621 | 3,398,174 |
| 自己資本 | 388,192 | 4,375,054 | 1,880,040 |
| 資本金 | 187,670 | 949,679 | 141,851 |
| 有利子負債 | 2,333,381 | 646,021 | 547,198 |
| 自己資本比率(%) | 9.0 | 68.6 | 55.3 |
| 流動比率(%) | 114.8 | 179.3 | 118.6 |

指標からの分析

| | ソフトバンク | NTTドコモ | KDDI |
|---|---|---|---|
| PER | 18.6 | 12.3 | 8.7 |
| PBR | 3.7 | 1.4 | 1.2 |
| ROE(%) | 20.0 | 11.3 | 13.3 |

(注) ソフトバンクは、予想当期純利益を公表していないため、第3四半期累計当期純利益を4/3倍してPER、ROEを算出した。

## 移動通信業界

ソフトバンク

2007/10/01-2009/03/31

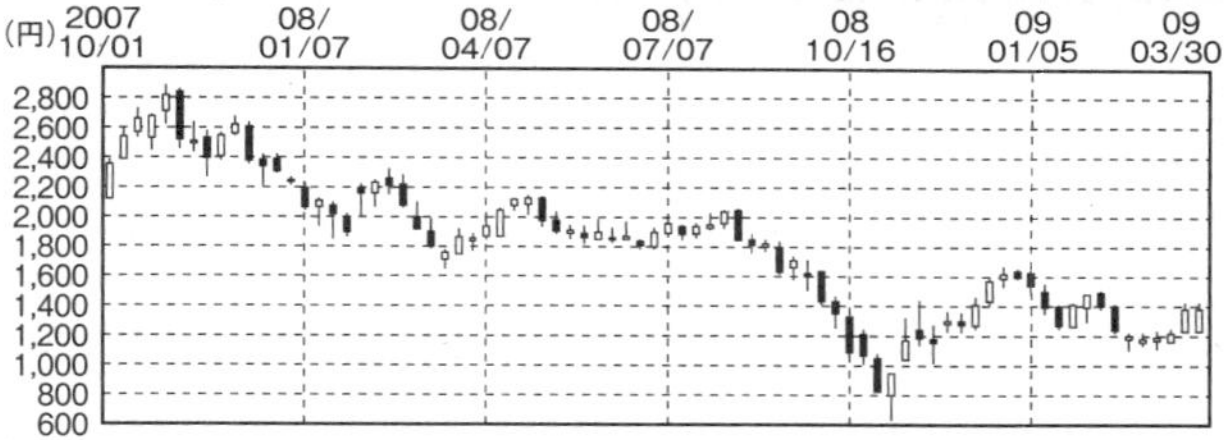


NTTドコモ

2007/10/01-2009/03/31

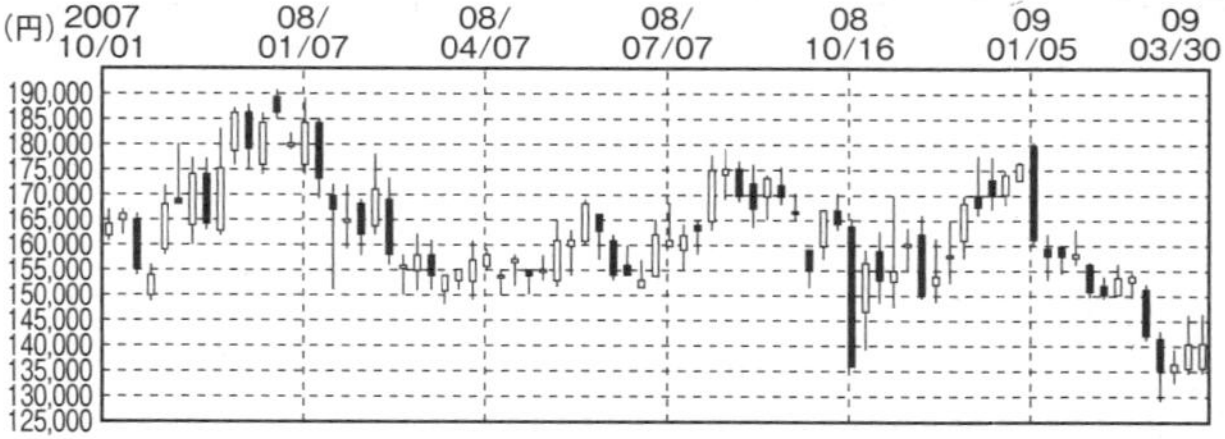


KDDI

2007/10/01-2009/03/31

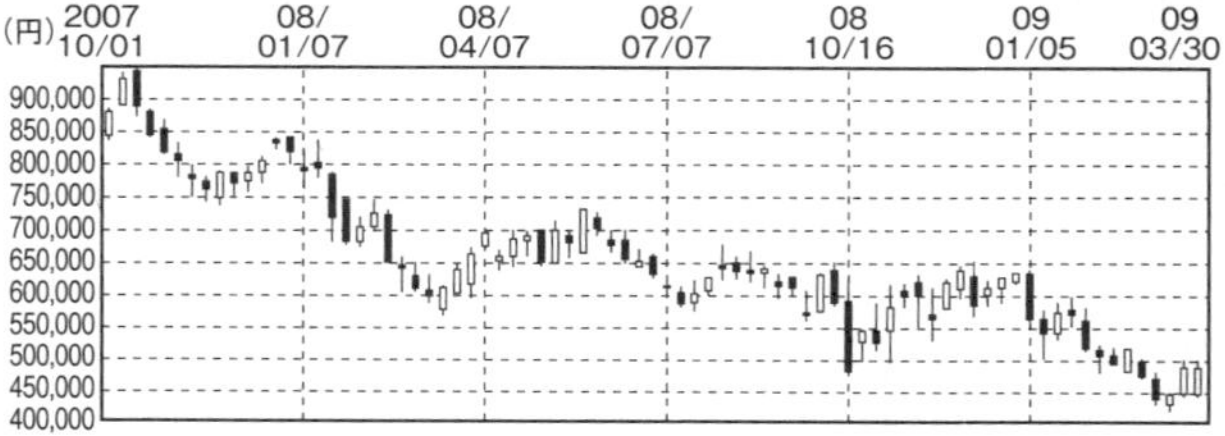

## ニトリ～島忠、大塚家具と比較しながら～

損益計算書

ニトリ

（単位：百万円）

| | 2006年2月期 | 2007年2月期 | 2008年2月期 | 2009年2月期 |
|---|---|---|---|---|
| 売上 | 156,758 | 189,126 | 217,229 | 244,053 |
| 営業利益 | 18,227 | 22,300 | 26,095 | 33,096 |
| 経常利益 | 19,034 | 23,101 | 26,568 | 33,969 |
| 純利益 | 10,914 | 13,434 | 15,464 | 18,353 |

島忠

（単位：百万円）

| | 2005年8月期 | 2006年8月期 | 2007年8月期 | 2008年8月期 |
|---|---|---|---|---|
| 売上 | 125,417 | 132,304 | 136,281 | 137,690 |
| 営業利益 | 10,981 | 10,387 | 10,854 | 12,818 |
| 経常利益 | 12,671 | 12,703 | 14,356 | 16,322 |
| 純利益 | 7,083 | 9,020 | 8,019 | 10,862 |

大塚家具

（単位：百万円）

| | 2005年12月期 | 2006年12月期 | 2007年12月期 | 2008年12月期 |
|---|---|---|---|---|
| 売上 | 69,549 | 70,062 | 72,769 | 66,803 |
| 営業利益 | 5,350 | 5,236 | 4,679 | 1,269 |
| 経常利益 | 5,471 | 5,350 | 4,780 | 1,456 |
| 純利益 | 3,649 | 3,397 | 2,799 | -530 |

貸借対照表

（単位：百万円）

| | ニトリ | 島忠 | 大塚家具 |
|---|---|---|---|
| 総資産 | 196,211 | 186,491 | 46,625 |
| 自己資本 | 114,369 | 115,838 | 36,596 |
| 資本金 | 13,370 | 16,533 | 1,080 |
| 有利子負債 | 38,040 | 0 | 0 |
| 自己資本比率（%） | 58.3 | 62.1 | 78.5 |
| 流動比率（%） | 91.8 | 183.6 | 312.1 |

指標からの分析

| | ニトリ | 島忠 | 大塚家具 |
|---|---|---|---|
| PER | 18.0 | 8.0 | 7.7 |
| PBR | 2.9 | 0.5 | 0.3 |
| ROE（%） | 16.0 | 9.4 | 4.5 |

（注）大塚家具のPER、ROEは、表には掲載されていない直近の四半期純利益を４倍して算出した。

## 家具・インテリア業界

ニトリ

2007/10/01-2009/03/31

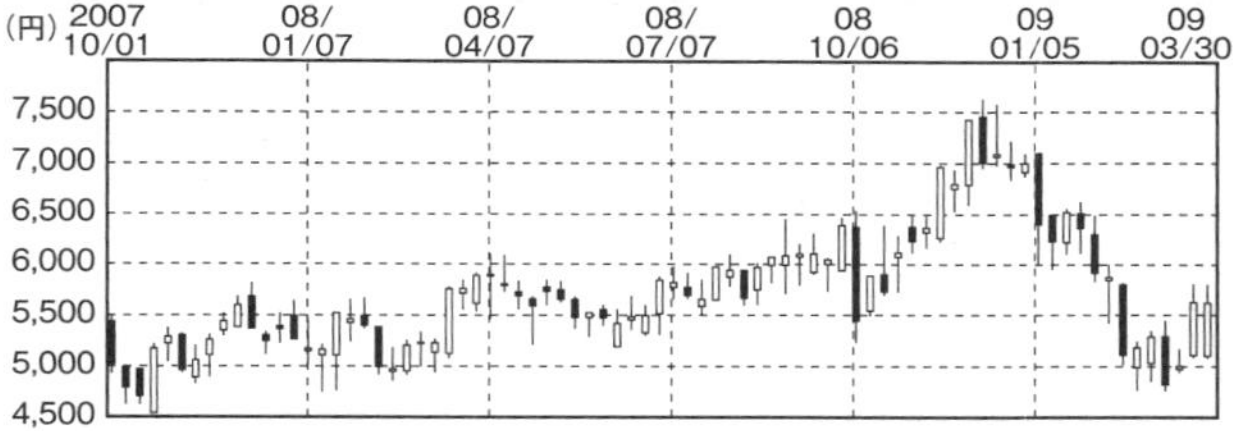


島忠

2007/10/01-2009/03/31

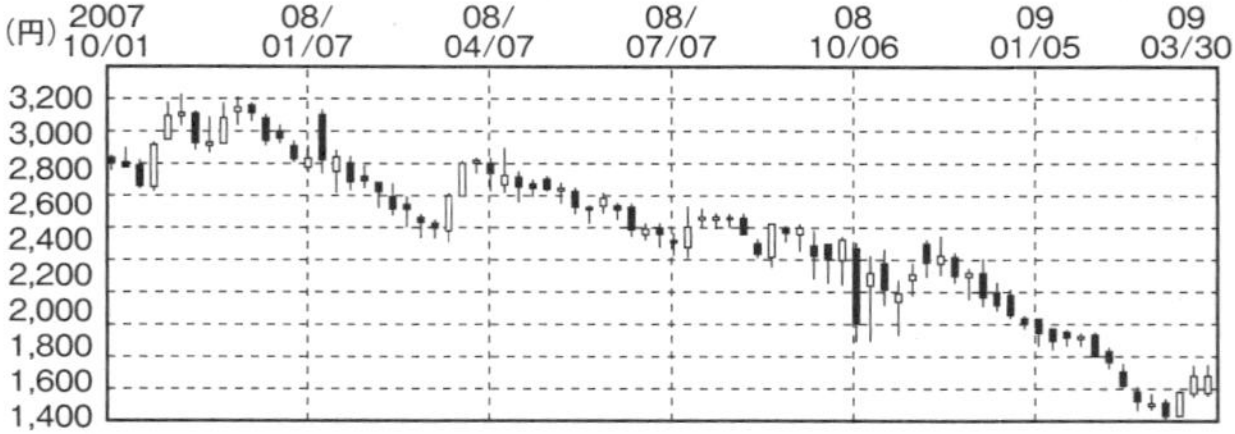


大塚家具

2007/10/01-2009/03/31

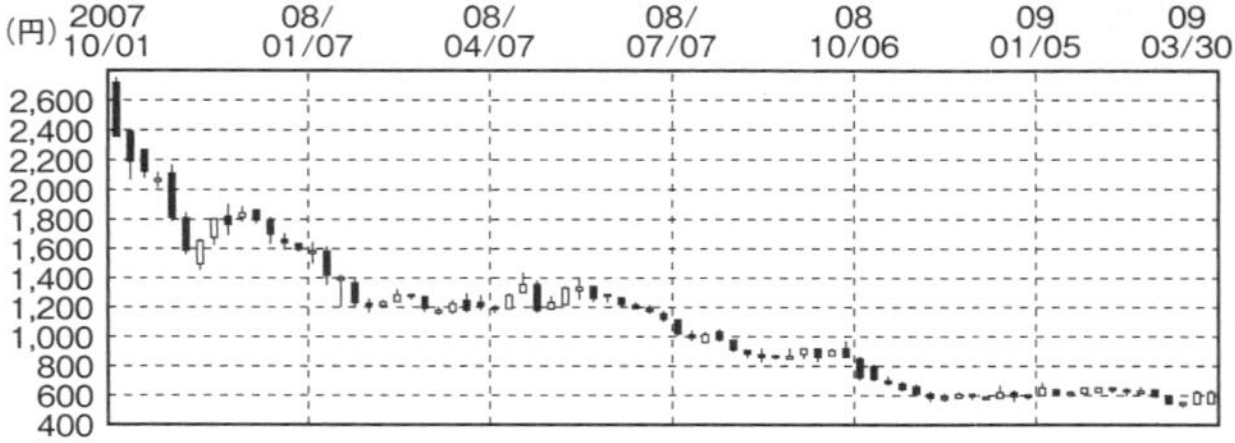

## ユニ・チャーム～花王、大王製紙と比較しながら～

損益計算書　（ただし、2009年3月期は会社予想値）

ユニ・チャーム　（単位：百万円）

| | 2006年3月期 | 2007年3月期 | 2008年3月期 | 2009年3月期 |
|---|---|---|---|---|
| 売上 | 270,380 | 301,880 | 336,864 | 352,000 |
| 営業利益 | 28,531 | 29,929 | 33,731 | 36,000 |
| 経常利益 | 28,781 | 30,071 | 32,327 | 30,600 |
| 純利益 | 15,287 | 15,058 | 16,683 | 12,900 |

花王　（単位：百万円）

| | 2006年3月期 | 2007年3月期 | 2008年3月期 | 2009年3月期 |
|---|---|---|---|---|
| 売上 | 971,230 | 1,231,808 | 1,318,513 | 1,285,000 |
| 営業利益 | 120,134 | 120,858 | 116,252 | 103,000 |
| 経常利益 | 121,956 | 120,176 | 114,223 | 100,000 |
| 純利益 | 71,140 | 70,527 | 66,561 | 60,000 |

大王製紙　（単位：百万円）

| | 2006年3月期 | 2007年3月期 | 2008年3月期 | 2009年3月期 |
|---|---|---|---|---|
| 売上 | 402,273 | 414,164 | 455,804 | 480,000 |
| 営業利益 | 30,123 | 25,466 | 21,809 | 21,000 |
| 経常利益 | 23,960 | 19,228 | 14,509 | 14,000 |
| 純利益 | 9,302 | 10,625 | 4,729 | 4,500 |

貸借対照表　（単位：百万円）

| | ユニ・チャーム | 花王 | 大王製紙 |
|---|---|---|---|
| 総資産 | 277,506 | 1,202,881 | 735,240 |
| 自己資本 | 165,467 | 572,279 | 116,123 |
| 資本金 | 15,992 | 85,424 | 30,415 |
| 有利子負債 | 6,851 | 291,428 | 473,395 |
| 自己資本比率（%） | 59.6 | 47.6 | 15.8 |
| 流動比率（%） | 184.0 | 147.1 | 122.2 |

指標からの分析

| | ユニ・チャーム | 花王 | 大王製紙 |
|---|---|---|---|
| PER | 31.3 | 17.4 | 25.9 |
| PBR | 2.4 | 1.8 | 1.0 |
| ROE（%） | 10.1 | 11.6 | 4.1 |

紙おむつ業界

ユニ・チャーム

2007/10/01-2009/03/31

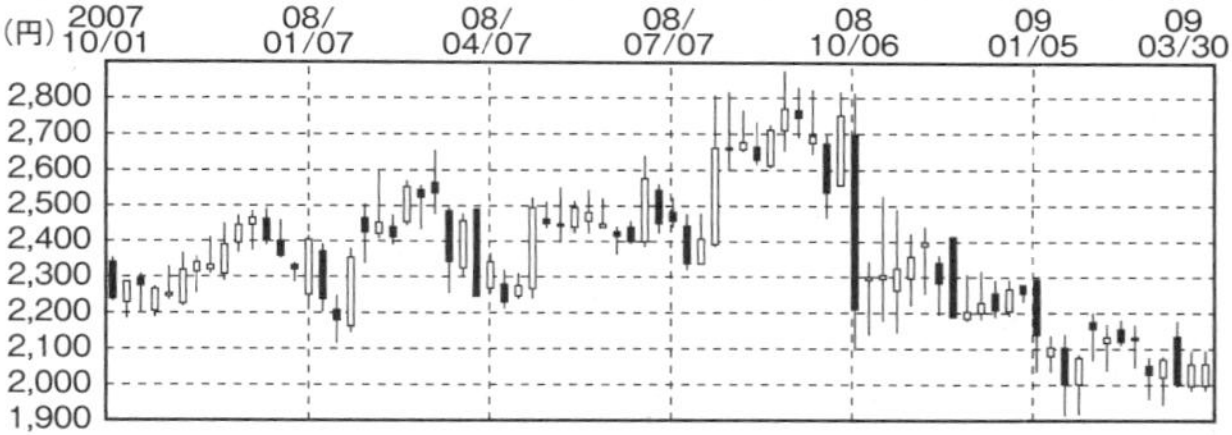


花王

2007/10/01-2009/03/31

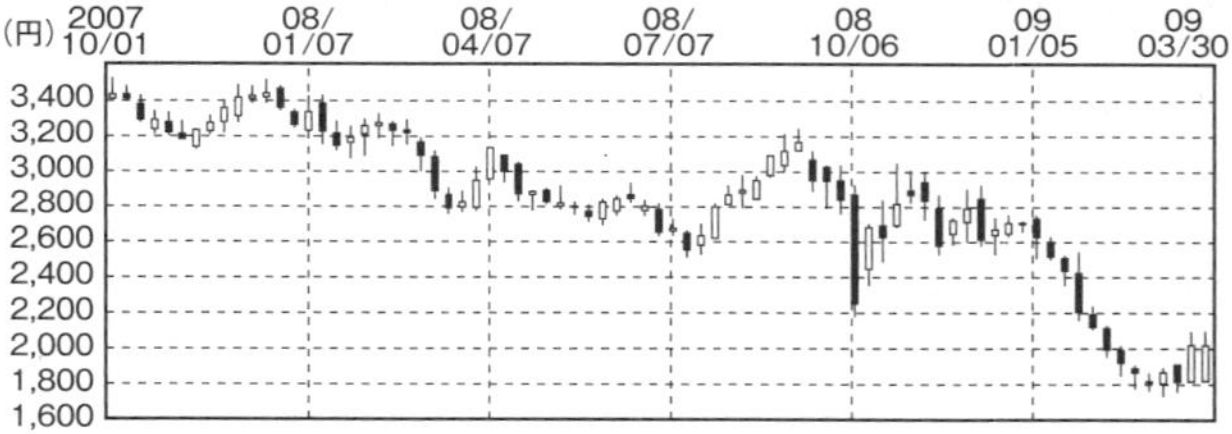


大王製紙

2007/10/01-2009/03/31

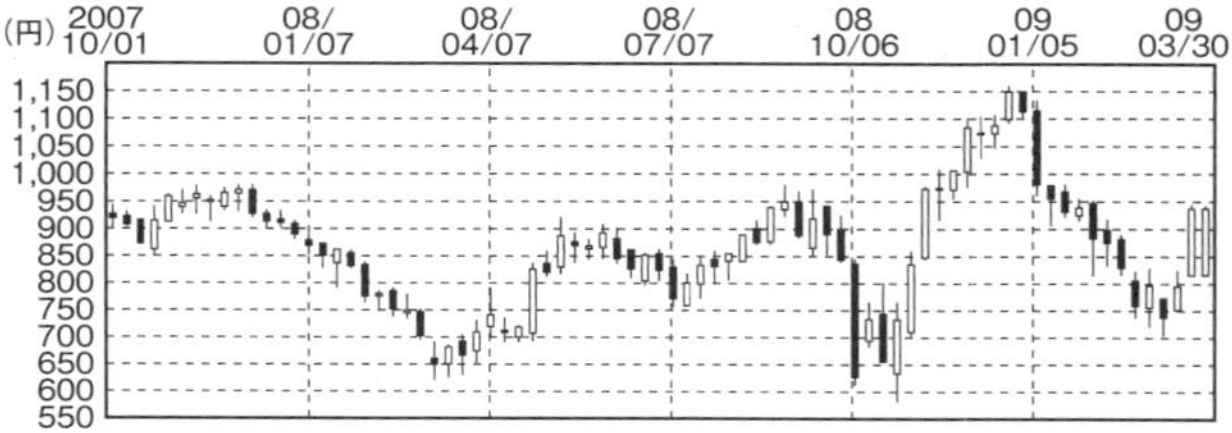

皆さんは、どの銘柄を買うか決まりましたか？　それでは、３人がどのように考えて銘柄を決めたのか、見てみましょう。

1週間後の銘柄選択会議……。

みんな銘柄選んできたやんな？　勤は何にしたんや？

僕はソフトバンクです。彩さんは？

私はニトリよ。銘柄ってたくさんあるから、選ぶのに苦労したわ。

俺はユニ・チャームやで。

じゃあ、みんなの資料見てみましょうよ。

おう、それじゃあ、まず勤から資料配って簡単な説明を頼むわ！

皆さんもご存じ、携帯電話事業3社の一角です。現段階での市場シェアは最下位ですが、契約純増数は２００７年5月以降、23カ月連続で首位をキープしています。他にも、米アップル社ｉＰｈｏｎｅの国内販売権を持っているなど、世界の携帯電話市場の流行をしっかりつかんでいるところが、さらなる業績の伸びにつながりそうです。

次は彩ちゃんや。

ニトリは、家具やインテリアの製造、販売を扱っている会社よ。国内外に約２００店舗を展開。おどろくほどの安さで、国内同業他社を圧倒した業績を出してるの。２００９年2月期まで22期連続増収増益と聞いたら、期待しちゃうわ〜。

最後に俺の番か。ユニ・チャームを選んだ理由はやな、全世帯が消費のターゲットとなっとる会社だからや。リーマン・ショックで家計が苦しくなっても、必要なもんは必要やろ？　つまり、消費の落ち込みが少ないと予想できる。それだけやない。将来性も担保されとるところが、俺の心にビビッときたんや！

それじゃあ、３人の意見が出揃ったところで、それぞれ検討して詳しく話し合いましょうよ。

ほな、勤のソフトバンクからいってみよか。

## ソフトバンク〜勤の推奨銘柄〜

トップバッターは緊張するなぁ……。

がんばって！

えー、ソフトバンクですが、もちろん皆さん知ってますよね？

犬のお父さんがＣＭやってるやつやろ！　最近ｉＰｈｏｎｅが盛り上がってきたから業績もええんやろな？

そうです。僕もソフトバンクに注目したのは、携帯電話事業からです。なので、今回の推奨理由も携帯を中心に扱いたいと思います。

よっしゃ、聞かせてくれい。

えー、非常に簡潔ですが、ずばりｉＰｈｏｎｅへの期待、これにつきます。

えっ、そんだけ？　そんな周知の事実は、すでに株価に織り込まれとるんちゃう？

そうよねえ。株レラ先生も市場心理を読めっていってたわ。

唐突ですが、二人は「株価は支払うもの、価値は得るもの」って聞いたことあります？

なんやそれ？　難しいこといわんといてー。

これは、グレアムという経済学者がいっていることで、株価と価値は違うものだから、会社の本質的な価値を見極めた上で、価格がそれより下回っていたら、その差額を得ようという意味です。まずは、本質的な価値ってやつを見極めてみましょう。

ふーん、本質的な価値ねぇ。勤くん、ずいぶん自信があるようね。

もちろんです。まずは、iPhoneの販売実績について見てみましょう。具体的な販売台数は、公式には発表されていないけど、iPhone3Gは3日間で100万台売れたとApple社は伝えています。初代iPhoneが74日間で100万台を達成したことを考えると、代替わりごとに注目度は上がっているといえるでしょう。

そうね。こういうものって、周りの人が使い始めると途端に広まるものだし……。

普通の携帯に慣れてしまった俺としては、とっつきにくいイメージがあるんやけど……。で、ｉＰｈｏｎｅの販売数の増加は、ソフトバンクの収益に貢献するんやろか？

そこで、ＡＲＰＵというデータが役立ちます。ＡＲＰＵとは、Ａｖｅｒａｇｅ Ｒｅｖｅｎｕｅ Ｐｅｒ Ｕｓｅｒの略で、契約者１人当たりの平均収入のことです。

なんや、他社と比べてえらい低いやないか。これじゃ、販売台数が増えてもあまり売上アップにはつながらないんちゃう？

たしかに、一見そう見えますね。しかし、ｉＰｈｏｎｅの特徴として利用者には大量のデータ通信が見込まれることを考えると、パケット使い放題プランの契約者が増えることで、１人当たりの平均収入の増加が予想できます。ドコモの事例になりますが、ｉモードＡＲＰＵは旧世代のｍｏｖａが６３０円だったのに対して、現行世代のＦＯＭＡは２６３０円と４倍ほ

## ソフトバンク・NTTドコモ・KDDIのARPU比較

（単位：円）

| | ソフトバンク | NTTドコモ | KDDI |
|---|---|---|---|
| 音声 | 2,020 | 2,970 | 3,280 |
| データ | 1,820 | 2,420 | 2,220 |
| 総合 | 3,830 | 5,390 | 5,500 |

※2009年3月末現在

どの差がありました。

そっか。それならｉＰｈｏｎｅが強いソフトバンクも、これからＡＲＰＵが上がりそうやな。

ちょっと待って。そんなに魅力的なら、競合他社もスマートフォン事業に積極的に参入してくるはずだわ。ソフトバンクは優位性を保てるのかしら？

たしかに、その危険性はあると思います。ただ、２００８年だけで世界のスマートフォン市場でのｉＰｈｏｎｅのシェアは２・７％から８・２％に上昇していますし、ｉＰｈｏｎｅのデザイン性や使いやすさを考えると十分優位性を保てると考えられます。

そういえば、ソフトバンクってヤフーとかのサービスも提供しとったような……。携帯電話事業が好調だとしても、他の事業がうまくいってなかったら、

会社全体の業績は伸びるかわからへんで。

事業別売上高を見てみると、携帯電話事業は売上の58％ほどですね。

うーん、58％を高いと見るか低いと見るか……。ｉＰｈｏｎｅの販売台数の増加が、もっと直接的に業績につながる会社があったらええのになぁ。

そうねー。ｉＰｈｏｎｅの部品を作っている会社なんてどう？

その考えはいいかもしれませんね！　ｉＰｈｏｎｅ用のイヤホンとか部品を製造している会社は、たくさんありそうです。投資アイデアの深堀りができていなかったなぁ～。勉強になります。

まあ、それは次回に活かすとして、今回はあくまでもソフトバンクを見ていきましょう。

おう。一応、ソフトバンクの「本質的価値」はそれなりにあるとしても、それが株価にどれほど反映されているかが問題やな。

そうですね。では、次のステップ、現在の株価は「本質的価値」を反映しているかを考えてみましょうか。

それなら、これまで学んだことが使えそうね。指標でいうと、ＰＥＲ、ＰＢＲってところかしら？

はい、じつはソフトバンクは他の２社に比べて、ＰＥＲ、ＰＢＲともに高い水準となっています。

あっちゃー。

ただ、リーマン・ショックの影響を受けているので、あまり参考にならないことに注意したほうがいいでしょう。業績悪化の中、ＰＥＲは市場全体として高めに出る傾向がありますし……。

そうね。今はＰＥＲが頼りにならない状況として、業績の上ぶれの可能性だけを考えてもいいのかも。

ただ、やっぱり気になるのは財務状態ね。ソフトバンクの自己資本比率は９・０％だし、流動比率も１１４・８％だったわ。自己資本比率はもちろん、流動比率でも同業他社より低いのに、大丈夫なの？

たしかにソフトバンクを語る上で、財務状態の危険性は避けられないですね。

でも、長期借入金のうち1兆１８４８億円がボーダフォン買収の際に借りたお金で、毎年２０００億円超が計画的に返済される予定ですから、事業が厳しくなってお金を借りているわけではありません。少なくとも1年以内に倒産の危機にいたることはないはずです。

ほう、まぁいろいろ問題はあるけど、なんとなくいけそうやな。あとは、今が買い時かどうかや。

そうですね、じゃあ最後のステップとしてチャート分析をしてみましょう。ソフトバンクの株価チャートを左に載せておきました。

値動きに大きなブレがなくなってきとるから、１６００円を大きく超えたら、より一層の値上がりが期待できそうやな。

ｉＰｈｏｎｅの収益貢献と話題性を考えていますから、とくにチャートにこだわりはありませんが、比較的１１００円あたりの支持線はしっかりしていますし、買うタイミングとしては、今がちょうどいいんじゃないでし

ようか。

もちろん、その裏にはリスクもあるわ。

そうですね。みんなの意見を参考にすると、iPhoneの人気が出るかわからない、他事業が収益を圧迫するかもしれない、財務状態に問題が生じるかもしれない、というところですね。

## ニトリ～彩の推奨銘柄～

さて、次は私の番ね。私はニトリを調べてきたの。家具やインテリアの製造・販売をしていて、「お値段以上、ニトリ♪」のＣＭフレーズでお馴染みよね！

もちろん。一人暮らしを始める学生の中には、ニトリを使う人も多いんじゃないですか？

俺も上京したとき、ニトリで家具一式をそろえたで。今回、なんでニトリを選んだんや？

この前、お店に行ってみたらすごい混みようで……。なんといっても商品がすごく安かったの。それで、これには絶対秘密があると思って、調べてみたのよ。

ニトリだけ見てもあまりピンとこないから、同じく家具やインテリアを扱っている島忠、大塚家具と比較してみたわ。まず見て欲しいのは、売上高と各種利益率ね。

売上高を見るに、規模が一番大きいのはやはりニトリですね。営業利益率、経常利益率もニトリがトップで、純利益率では僅差で島忠のほうが高いというところですか。大塚家具は、他の2社に大きく水をあけられていますね。

島忠が経常利益で盛り返しとる。これは営業外収益が多いってことやんな。数字で見ると40億円、経常利益の約4分の1にもなるで。これは一体どういうことなん？

損益計算書を見てみると、有価証券利息として約20億円が計上されていたの。これが営業外収益を押し上げているってことね。

つまり、有価証券取引による収益ですか。収益が出ているのはいいことですけど、本業以外からの収益はその年だけのことが多く、あまり投資の判断材料にはなりませんね。

そうなのよ。ニトリに比べると、島忠はどうしても成長が続いていくか心

## ニトリ・島忠・大塚家具 売上高と各種利益率

| | ニトリ | 島忠 | 大塚家具 |
|---|---|---|---|
| 売上高 | 244,053 | 137,690 | 66,803 |
| 営業利益 | 33,096 | 12,818 | 1,269 |
| 経常利益 | 33,969 | 16,322 | 1,456 |
| 純利益 | 18,353 | 10,862 | -530 |
| 営業利益率(%) | 13.6 | 9.3 | 1.9 |
| 経常利益率(%) | 13.9 | 11.9 | 2.2 |
| 純利益率(%) | 7.5 | 7.9 | -0.8 |

2008年3月期データを使用

## ニトリ・島忠・大塚家具 各種成長率

| | 06-07年 | 07-08年 | 08-09年 |
|---|---|---|---|
| 売上高成長率(%) | | | |
| ニトリ | 20.6 | 14.9 | 12.3 |
| 島忠 | 8.7 | 1.0 | 0.1 |
| 大塚家具 | 0.6 | 3.9 | -8.2 |
| 営業利益成長率(%) | | | |
| ニトリ | 22.3 | 17.0 | 12.3 |
| 島忠 | -1.2 | 18.1 | -16.5 |
| 大塚家具 | -2.1 | -10.6 | -72.9 |
| 経常利益成長率(%) | | | |
| ニトリ | 21.4 | 15.0 | 27.9 |
| 島忠 | 13.3 | 13.7 | -30.9 |
| 大塚家具 | -2.2 | -10.7 | -69.5 |
| 純利益成長率(%) | | | |
| ニトリ | 18.8 | 15.1 | 18.7 |
| 島忠 | 13.2 | 35.5 | -30.9 |
| 大塚家具 | -6.9 | -17.6 | -118.9 |

配ね。営業利益率で見ても、ニトリが他を圧倒しているわけだし、本業での強さはやっぱりニトリが一番！

最初にいってたけど、ニトリの商品ってめちゃ安いやん。あんなに安く売っているのにこれだけの利益率出せるってのは、それ以上に安く作れるってことなん？

その通り。製造から販売までのコストをうまく抑えられているってことね。

でも、なんでそんなに安く作れるんですか？

それはね、ニトリがほとんどの製品を海外から輸入しているからなの。商品のうち海外で開発して輸入しているものが、実に7割も占めているのよ。海外の方が人件費も原材料費も安いもんね。

海外に工場があるっていうても、ええことばかりちゃうで。

そうね。為替変動リスクは忘れちゃいけないわ。でも、今は円高傾向が続いていて、輸入産業には追い風になっていると思うの。だからといって楽

観はできないけど……。ただ、会社側としてはこのまま円高が進むようだったら定番品の値下げ戦略を始めると発表しているし、業績予想もそれに基づいて前期に比べて増収と発表しているわ。だから、円高は当分続くと見込んでいるんじゃないかしら。

そうすると、逆に円安が進んだときには業績に悪い影響が出るということですよね？

そうなの。だから、為替の動きには注意しておかないといけないわ。

ところで、安さ重視が業績の伸びにつながっているのはわかったけど、安さ安さってほんまに品質は大丈夫なん？

よく聞いてくれたわ。ニトリの強さは、価格と質の両立にあるのよ。他社から品質管理のエキスパートをスカウトして、万全の品質保証体制を築き上げたの。その結果、２００８年度の製品安全対策優良企業に選ばれたのよ。

不良品回収などの悪いニュースが流れると、株価は敏感に反応しますからね。その点、安心しました。

ところで、財務面はどないなん？

流動比率が少し気になりますね。ニトリだけ１００％を割ってしまっていますよ？

それは私も気になって調べてみたわ。これは小売り業の特徴みたいね。

特徴というのは？

小売りの業界は総じて流動比率が低いみたいなの。在庫をできるだけ最低限に抑えて余りを出さないようにする方針が影響しているようね。そして大手ほど低い傾向があって、小売り業大手の平均値は80％前後らしいわ。

大手なら取引先との関係は中小企業より強いはずや。それに、今までの実績があるから資金が必要になった時にも調達しやすい。規模の大きな会社なら資金繰りに困ることは考えにくいってことやな？

ええ、そういうことね。

## ニトリ・島忠・大塚家具 財務健全性について

| 財務健全性について | ニトリ | 島忠 | 大塚家具 |
|---|---|---|---|
| 総資産 | 196,211 | 186,491 | 46,625 |
| 自己資本 | 114,369 | 115,838 | 36,596 |
| 資本金 | 13,370 | 16,533 | 1,080 |
| 有利子負債 | 38,040 | 0 | 0 |
| 自己資本比率（%） | 58.3 | 62.1 | 78.5 |

島忠と大塚家具は有利子負債がゼロってことは、無借金経営ってやつやな。

そうね。でも、ニトリも実質的に無借金経営といっていいわ。

実質的に無借金経営ってどういうことですか？

実質的に無借金経営っていうのは、有利子負債よりもすぐに現金化できる手元資金が多いことをいうの。手元資金としては、現金同等物（現金と預金のこと）と短期的に保有する有価証券があるみたい。

仮に借金を一度にすべて返済したとしても、手元にお金が残るってことか。

自己資本比率も高いですし、財務面は3社とも大丈夫そうですね。

## ニトリ・島忠・大塚家具 各種指標

| | PER | PBR | ROE(%) |
|---|---|---|---|
| ニトリ | 18.0 | 2.9 | 16.0 |
| 島忠 | 8.0 | 0.5 | 9.4 |
| 大塚家具 | 7.7 | 0.3 | 4.5 |

さて、指標面はどうなっているんでしょうか？　まず、ＲＯＥが目を引くわね。他が1桁のところ、ニトリだけ15％を超えているのよ。

それでは、ＰＢＲ、ＰＥＲはどうでしょう？

ＰＢＲは大塚家具、島忠ともに1倍を割り込んどるで。

この2社は過去の業績を見ても赤字を計上してますし、ＰＢＲがあまりよくないのも頷けます。

それでも、ニトリの2・8倍は高すぎるんちゃう？

それは私も考えたんだけど、ＰＢＲが高いってことはみんなが買いたい、つまり人気があるってことでしょう？　ニトリは前期もプラス成長だったし、今期も好業績を期待して買われていると思うの。今期の業績が予想以上に悪化したら、今までの期待が過剰だってことになって一気に下落するかもしれないけど、さっきもいったように、円高の解消のような大きな変化なしには落ち込むとは思えないわ。

PERも17・8倍。他の2社に比べると高めですよね？

PERは、本来業界平均と比べるための指標だから、ここだと小売業になるかしら。
でも、小売業界平均が約20倍であることから、家具・インテリアが特異なジャンルだってことがわかるわよね。3社を比較してニトリが高めに出ているなら、それだけニトリへの期待度が高い、というくらいで私はとらえているわ。

ニトリが好業績なのはみんな知っとることやから、その期待に応えられるか見物やな。

ええ、そういうことになるわね。ニトリについて今までの話をまとめると、財務は健全で収益基盤は堅そう。これからも好業績が期待できるけ

ど、それは周知の事実だから、ある程度期待されて買われてしまっていて、とても割安とはいえない。だから、小さなニュースでも、株価が下落する可能性があるから注意ってところかしら。

さて、次にチャートを見てみましょう。

２００８年末から２００９年にかけて大きく下がっていますね。

これは、リーマン・ショック発生直後にあまり影響を受け

なかった市場期待の高い銘柄に、時間差で影響がきたってことみたい。他にも、ユニクロブランドで有名なファーストリテイリングや、レストランチェーンのサイゼリヤが似たような動きをしていたわ。

でも、その下落傾向も落ち着いてきたんちゃう？　抵抗線を超えて、これから上がっていくようにも見えるなぁ。

そうなの。支持線と抵抗線で挟まれたボックス圏から、ようやく抜け出したのよ。２００８年12月に下落を始めた時点でＰＥＲは約27倍。そこで、市場が割高だと判断したみたいだから、これから上がっていく場合もこの数値がひとつの目安になるわ。

逆に、もし再び下がり始めたら、２００９年3月末に反発した５０００円のラインが心理的な抵抗線になるから、そこで踏みとどまれるかがポイントになりそう。

ニトリに関してはこんなところかしら。

## ユニ・チャーム　～遊太の推奨銘柄～

ようやく、俺の出番や。ついにこのときがきたでー。

はりきってるわね、遊太くん。

さっきもいったけど、俺はユニ・チャームに注目したんや。おそらく、誰もが小さい頃にお世話になっとる会社やで。

「履かせるおむつ、ムーニーマン♪」ですよね？

そう、ユニ・チャームは紙おむつ業界のリーディングカンパニーなんや。国内市場シェアは43％、Ｐ＆Ｇの約20％をおさえてダントツの1位やで。

そこまで圧倒していたなんて、知らなかったわ。

小さい頃だけやない。年とっても、悲しいことにおむつをせなあかん……。大人用ってやつやな。そして、女性には生理用品も提供しとる。さらに、わが家の愛犬バフィーにはペットケア商品と、全世帯がターゲットになっとるんや。

そんな幅広く商売しているとは、知りませんでした。

ほな、詳しくみていくで。まずは、業績からや。２１１ページの会社別各種利益率をみてくれ。注目して欲しいのは、売上高営業利益率や。国内紙おむつ市場で３位の花王、４位の大王製紙と比較してみると、差は歴然やろ。利益率が２桁台に乗っとるのはユニ・チャームだけや。

しっかり稼いでいるのね。

それだけやない。各種業績もしっかり伸びとるで。とくに、営業利益成長率は他を圧倒しとる。まさに独走状態ってわけや。

ちょっと待ってください。２００８年までは順調に伸びてきたようですけど、直近では成長率に鈍化の傾向が見られますね。

それは、ずばりリーマン・ショックが原因や。世界同時不況に陥って、世界中でモノが売れなくなっとるのは知ってるやろ。いくら日用品でも、少しぐらい消費が落ち込むのはしゃーない。

## ユニ・チャーム・花王・大王製紙 売上高と各種利益率

| | ユニ・チャーム | 花王 | 大王製紙 |
|---|---|---|---|
| 売上高 | 336,864 | 1,318,513 | 455,804 |
| 営業利益 | 33,731 | 116,252 | 21,809 |
| 経常利益 | 32,327 | 114,223 | 14,509 |
| 純利益 | 16,683 | 66,561 | 4,729 |
| 営業利益(%) | 10.0 | 8.8 | 4.8 |
| 経常利益(%) | 9.6 | 8.7 | 3.2 |
| 純利益率(%) | 5.0 | 5.0 | 1.0 |

2008年3月期データを使用

## ユニ・チャーム・花王・大王製紙 各種成長率

| | 06-07年 | 07-08年 | 08-09年 |
|---|---|---|---|
| 売上高成長率(%) | | | |
| ユニ・チャーム | 11.7 | 11.6 | 4.5 |
| 花王 | 26.8 | 7.0 | -2.5 |
| 大王製紙 | 3.0 | 10.1 | 5.3 |
| 営業利益成長率(%) | | | |
| ユニ・チャーム | 4.9 | 12.7 | 6.7 |
| 花王 | 0.6 | -3.8 | -11.4 |
| 大王製紙 | -15.5 | -14.4 | -3.7 |
| 経常利益成長率(%) | | | |
| ユニ・チャーム | 4.5 | 7.5 | -5.3 |
| 花王 | -1.5 | -0.5 | -12.5 |
| 大王製紙 | -19.7 | -24.5 | -3.5 |
| 純利益成長率(%) | | | |
| ユニ・チャーム | -1.5 | 10.8 | -22.7 |
| 花王 | -0.9 | -5.6 | -9.9 |
| 大王製紙 | 14.2 | -55.5 | -4.8 |

2009年度数値は会社予想を使用

ユニ・チャーム地域別売上高比率

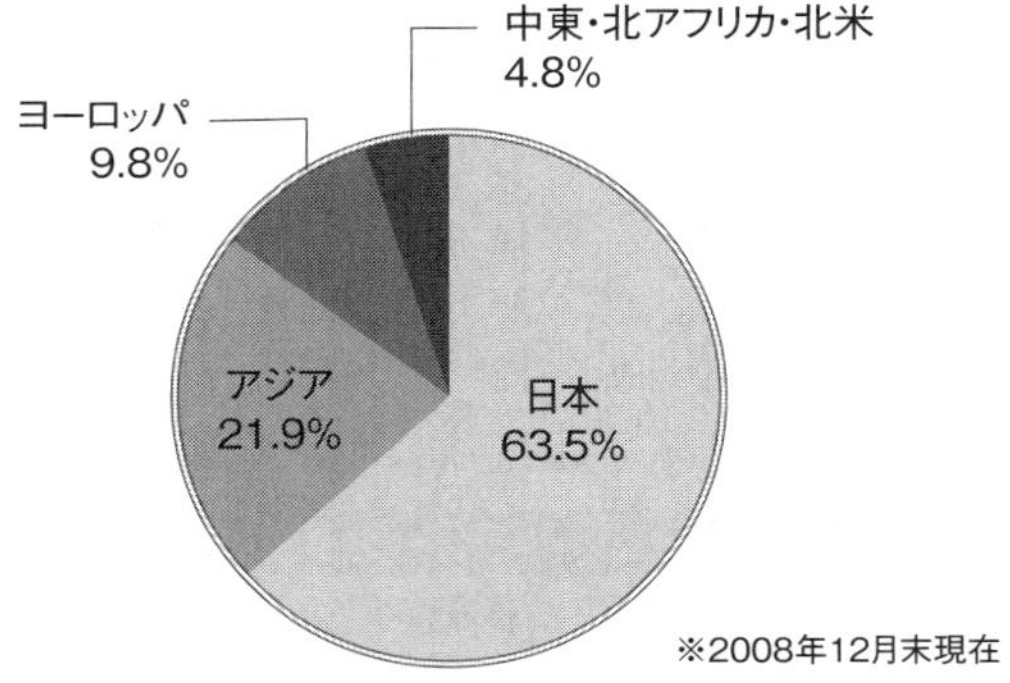


それじゃあ、ちゃんと業績が回復するか心配だわ。

それは、正直誰にもわからん。経済全体の勢いがなくなってしまったら、それぞれの会社も悪い方向に引きずられがちや。ただ、ユニ・チャームに限っては、いいニュースがあるんやで。

どういうニュースか気になります。

上の地域別売上高比率を見て欲しい。これによると、アジアでの売上が21・9％と大きな割合を占めとることがわかるやろ？　ここが大切なんや。

そういえば、紙おむつや生理用品の売れ行きは所得水準と関係があるって、どこかで聞いたことがあります。

その通り。国民一人当たりＧＤＰが３０００ドルを超えると、紙おむつが普及するといわれとるんや。２００８年でいうと中国が３４０３ドル、２億人の人口をかかえるインドネシアも２２３７ドルと３０００ドルライン突破が目前に迫っとる。かつて日本で紙おむつが売れ始めた高度経済成長期が、アジア各国で始まるわけや。

アジアの購買力をなめたらあかん。今でこそ、インドネシアの紙おむつ普及率はたったの10％程度、中国も20％に届くかというところやけど、これが10年後には３倍になるとの調査結果もある。つまり、各国における現状の市場シェアを維持するだけで、中・長期的な成長は確実といえるわけや。

でも、市場シェアの維持って難しいんじゃないの？

原油価格の推移

三菱東京UFJ銀行経済調査室作成資料をもとに作成

紙おむつのような消費財の市場シェアは、情報通信業と違って、そんなに大きな変化はないんちゃう？ 現状では、タイで市場シェア60%、インドネシアで34%、中国で14%といったところやな。

潜在的需要があるのはわかりました。でも、いくら売上は伸びそうだからといって、原材料価格が上がったら利益は出ませんよ。

ええとこに気づいたな。紙

おむつの原材料として、パルプと、石油から作る高分子吸収材がある。つまり、ユニ・チャームの利益は、パルプ価格と原油価格の変動に影響されるってことや。

たしかに、原油価格が史上最高値圏を迎えた２００８年では、多少の利益率縮小はあった。でもな、２００９年4月1日現在では、１バレル40ドル程度やから、利益率に関してとくに心配はないと見てええねん。原油価格ほど値動きが激しくないパルプ価格に関しても、過去の価格推移と利益率を見る限り、当分気にせんでいい。

あとは、海外売上比率がそれだけ高いと、為替についても気になります。

ほな、為替についても触れておこか。

通常、貿易の決済には米ドルが使われるんやけど、ドルと円の為替レートは常に動いとるやろ。せやから、一般的には為替ヘッジといって、為替レート変動の影響を受けないように、将来、特定のレートで米ドルを購入できる約束を交わすんや。もちろん、ユニ・チャームも為替ヘッジをしとる

**ユニ・チャーム・花王・大王製紙 各種指標**

| | PER | PBR | ROE(%) |
|---|---|---|---|
| ユニ・チャーム | 31.3 | 2.4 | 10.1 |
| 花王 | 17.4 | 1.8 | 11.6 |
| 大王製紙 | 25.9 | 1.0 | 4.1 |

から、短期的には問題ない。

そうなると、唯一の不安材料は少子化が進む国内市場ですが、大人用紙おむつ市場が伸びることを予想すると、その心配もいらないみたいですね。悔しいけれど、ユニ・チャームの強さは本物です。

そしたら、次は指標面を見ていこか。

うん、よろしく。

まずはＰＥＲから。ユニ・チャームは31・３倍で、花王17・４倍、大王製紙25・９倍に比べると、ちょいと高め。そして、ＰＢＲは２・４倍。これも他社に比べると割高感はある。ただ、ＰＢＲに関しては、Ｐ＆Ｇが２・２倍ということやから、さほど気にする必要はない。ついでにＲＯＥも見ておくと、大王製紙が見劣りするってとこやな。

ところでこのＲＯＥ、一見花王のほうがよさそうに見えるけど、自己資本比率に注目して欲しい。ユニ・チャーム59・6%は、花王47・6%よりもはるかに大きいんや。ＲＯＥ＝当期純利益÷自己資本×１００（%）やから、自己資本が少なければその分ＲＯＥは高くなるってことやな。

なるほどー。すごいね、遊太くん。

せやから、必ずしもＲＯＥの高い花王のほうがいいとはいい切れないと思うんや。それに、ユニ・チャームのＲＯＥだって低いわけちゃうし。

そうですね。となると、ユニ・チャームと花王の一騎打ちです。

そこでテクニカル分析の出番や。２１８ページのチャートを見てほしい。

やはり、リーマン・ショックの影響で下がってますね……。一方、花王は２００９年3月頃から少し上がってきているようですが。

安心せい。俺が思うに、１９００円は割らん。

遊太くん、ずいぶん自信があるわね。

なんで１９００円を割らんかというとやな、２００９年1月に一度、１９

## ユニ・チャーム テクニカル分析（花王と比較）

ユニ・チャーム

2007/10/01-2009/03/31

花王

2007/10/01-2009/03/31

msnマネーをもとに作成

００円を割らずに反発しとるんや。そして、同年3月にも同じように反発しとる。つまり、１９００円のところに支持線があるわけや。直近こそ下げ調子やけど、きっとすぐに反発するやろな。

なるほどね。１９００円の支持線、信じてみましょう。

花王のチャートも見てみよか。どうやら、リーマン・ショック以前から下落傾向にあるようやな。２０００円を安定して超えてこないと投資しにくいなぁ。

遊太くんのいう通り、チャートを見れば花王よりもユニ・チャームの方がよさそうですね。

どや、俺もやるときはやるんやで！

## 三つ巴の銘柄選択

なんだか、どれもいい銘柄に見えてきちゃうわね。

そうですね。でも、とりあえずどれかひとつに決めないといけませんね。

せやな。ざっと見る限り、ソフトバンク、ニトリ、ユニ・チャームのどれも悪くないから、悩むなあ〜。

この3銘柄って、業界がまったく違うものだから、今後どの業界が上がっていくかも考えなきゃいけないわ。

彩さんのいう通りですよ。広い視野で経済を捉えていかなければいけないって、株レラ先生がおっしゃっていましたよね。

広い視野ねえ。リーマン・ブラザーズ証券が破綻してからけっこう経ったけど、景気の行く末はまだ見えんしなあ……。

消費大国アメリカの経済が揺らいで、今後の経済のけん引役は中国になるって、株レラ先生から聞いたわ。この前、大学でばったり会ったの。やっ

ぱり先生ステキだわ～❤

（おいおい、また始まったで……）

遊太くんの話にもあったけど、中国の一人当たりＧＤＰは着実に伸びているわ。内需も充実してくるでしょうし、元安を追い風に輸出大国としての地位を確立していくと思うの。なんといっても、株レラ先生がいうんだから、間違いないわよね。

いや、そう一概にはいえないんじゃないですか？　世界各国から、貿易摩擦解消の圧力がかかるかもしれません。１９８０年代に日本が経験したのは、まさにそれでしたから。「ジャパン・バッシング」といって、円安改善要求が高まって、それがプラザ合意以降の円高傾向につながったんです。

さすが詳しいのね。じゃあ、中国の成長性も信頼できないってこと？

せやな～。でも、俺は当分大きく動くことはないと思うで。世界経済全体が中国に依存している中、世界のリーダーだったアメリカも、強い態度に出ることは難しいはずやし……。外交ってもんは、それはそれは複雑なもんなんや。

すると、中国市場を抑えているユニ・チャームということになりますか……。う〜ん、待ってください。遊太くん、自分の銘柄を選びたいだけじゃないですか？　そんなのズルいですよ。僕のソフトバンクだって……。

まあまあ、落ち着いてよ。

俺は、今回みんなが選んできた銘柄を2種類に分けて考えるのがええと思うんや。国内需要に依存しているソフトバンク、ニトリ。それに対する海外売上比率が比較的高いユニ・チャームや。

ええ、そうなりますね。

じゃあ、ひとまず日本経済の今後1年の先行きを考えてみよか。彩ちゃん、どない思う？

最近新聞で、就職氷河期が再来というのをよく見るわ。景気が落ち込んで、人を雇う余裕がない会社が多いってことね。

裏を返せば、日本における消費が落ち込んでいるってことになりますね。どんどん悪循環に陥っていく気が……。

なんだか、悲しくなってくるわ。

そういうときに、頼りになるのが外需なんや。さっきからいっとるけど、中国や東南アジアの消費意欲は落ち込んどらん。せやから、俺は一定の外需もある銘柄を選んだんや。

う〜ん。悔しいけど、遊太くんがいってること、納得しちゃいました。ソフトバンクについては、いくらｉＰｈｏｎｅが期待できるといってもＡＲＰＵが短期間で劇的に変わるわけではないですし、財務が万全ではないことも、懸念材料として残りました。

私のニトリはどうなのかしら？　いい会社なんだけどなあ。でも、正直にいうとＰＥＲやＰＢＲが少し高めに出ているところが不安なの。もしかしたら、高値で買っちゃうことになるのかなって思って。

正直、どの会社もええ会社やと思うで。ただ、日本経済の先行き不安と、中国が世界経済のけん引役となる観点から、今回はユニ・チャームにしてみたらどうやろ？

 賛成です。ユニ・チャームを買ってみましょう。

 そうね。どうなるのかしら？　楽しみだわ！

 ようやく決定や。いやぁ、銘柄選ぶのもなかなか難しいわ。値上がりするとええなあ〜。

これでようやく3人の買う銘柄が決定しました。
皆さんの銘柄選択のプロセスは、３人と比べてどうでしたか？
それでは、結果を確認してみましょう。

## 2010月3月のリアル

私たちが買ったユニ・チャームは1年経って、どうなったのかしら？

次のページの表を見てください。参考までに、ユニ・チャーム、ソフトバンク、ニトリ、そして日経平均の値動きを表にしてみました。

ソフトバンクの伸びがすごいわ！　こっちにしとけばよかった〜。

ほんまや！　1年間で70％も値上がりしとるで。まさか、こんなに上がるとは……。

そうですね、２００９年６月に発売されたiPhone3GSが、ここまでヒットするとは思いませんでした。僕の予想通り、iPhoneユーザーの伸びとともにデータ通信料が増えて、着実に収益が上がっていきました。データARPUが前年比３２０円増の２１４０円で、総合ARPUが前年比２４０円増の４０７０円です。

私のニトリも上がっているけど、他の2社に比べたら見劣りするわね。業

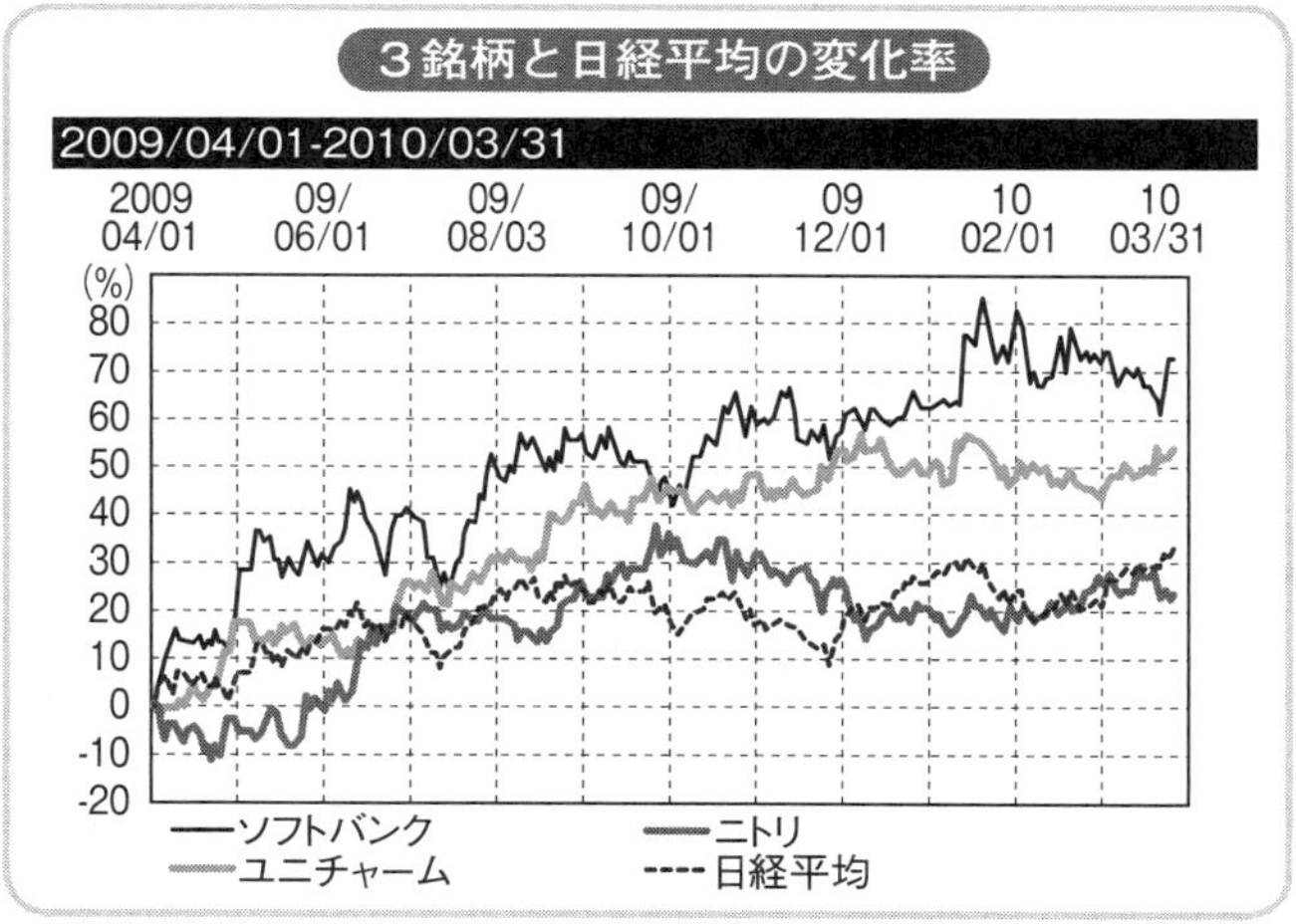


績は引き続き増収増益だったのよ。心配していた為替も、輸入産業に有利な円高傾向が続いているのに……。

売上に関しては、年度内に定番品の値下げが発表されて、それが売上増加につながったようです。国内売上高前年比推移を見ていると、客単価の減少を客数の伸びがカバーしていました（客単価（前年比92・4％）×客数（同116・2％）→売上（同107・4％））。

業績は伸びたけど、それはおもに上半期にとどまって、下半期は前年割れすることもあったみたいやな。それが、株価が伸び悩んだ理由やろな。

そういうことかぁ～。７０００円に到達してから、なかなか伸びなかったわね。８０００円に近づいたところで、ＰＥＲも25倍付近まで上がってしまって、割高感が出たのかも。

業績が単純に伸びているっていうことよりも、どれだけ伸びているかっていう成長率の方が大事だったのではないでしょうか。

ニトリの結果を見ると、そういうことがいえそうね。株価を上昇させる好材料としては、成長率の伸びが大切ってことね。いい勉強になったわ。

最後に、僕たちが選んだユニ・チャームを詳しく見てみませんか。これも、ソフトバンクより伸びなかったとはいえ、50％上昇ですからね。御の字です。

チャートを見ても、とてもきれいな右肩上がりだわ。

これこそ、理想的な形やな。上がった理由も、俺がいった通り、新興国需

ドル円レートの推移

要に投資家の期待が集まったことや。

円高傾向だったのも、原材料輸入に対してプラス要因でしたよね？

せやなぁ。材料はほとんど海外に依存、完成品の輸出は４割弱やから、うまくいった。

ところで、レーティングって覚えとるか？

証券アナリストが出す予想のことですよね？

そうそう。じつはこの１年間、ユニ・チャームを推奨するアナリストがたくさんいたんや。それも株価上昇を後押ししたんやろなー。

投資家にとっても心強いもんね。ところで、ソフトバンクがここまで上がったのはなぜかしら？

やっぱ業績の成長率のおかげやろ。ユニ・チャームの当期純利益は、前年比42・８％の伸びだったのに対して、ソフトバンクは１２４・０％も伸びた。おそるべし、ｉＰｈｏｎｅ特需！

そういえば、ソフトバンクを推奨したときにｉＰｈｏｎｅ特需の恩恵を受けられそうな別の会社を探してみようっていう話があったわね。

そうなんです！　あの後探してみたら、アップル社にイヤホンを納入しているフォスター電機という会社がありました。アップル社の好業績を受けて、株価の伸びは昨年1年間で、なんと３５０％！

３５０％!!

あー、もうひと息のところまで来ていたんですけどね。詰めが甘かったようです。

## 2009年4月1日から2010年3月31日の株価推移

ソフトバンク

2009/04/01-2010/03/31

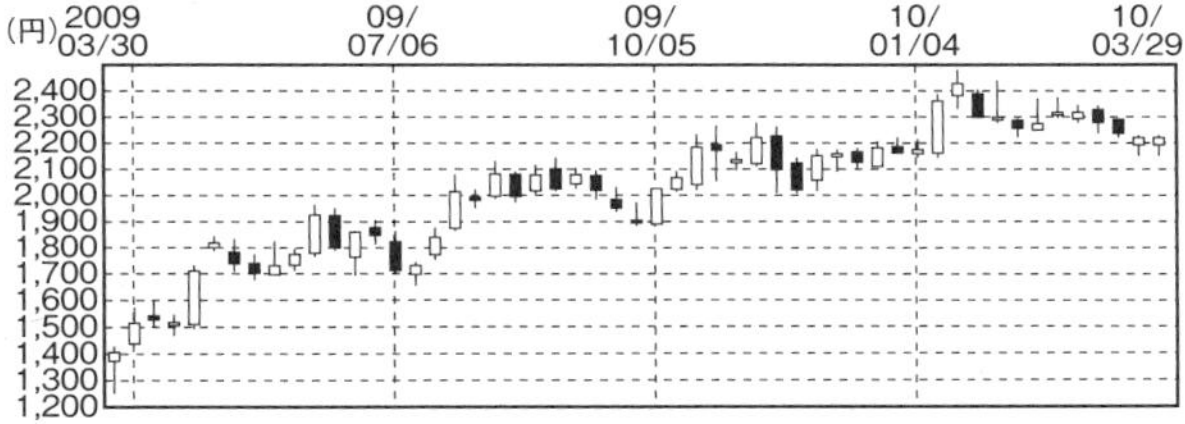


ニトリ

2009/04/01-2010/03/31

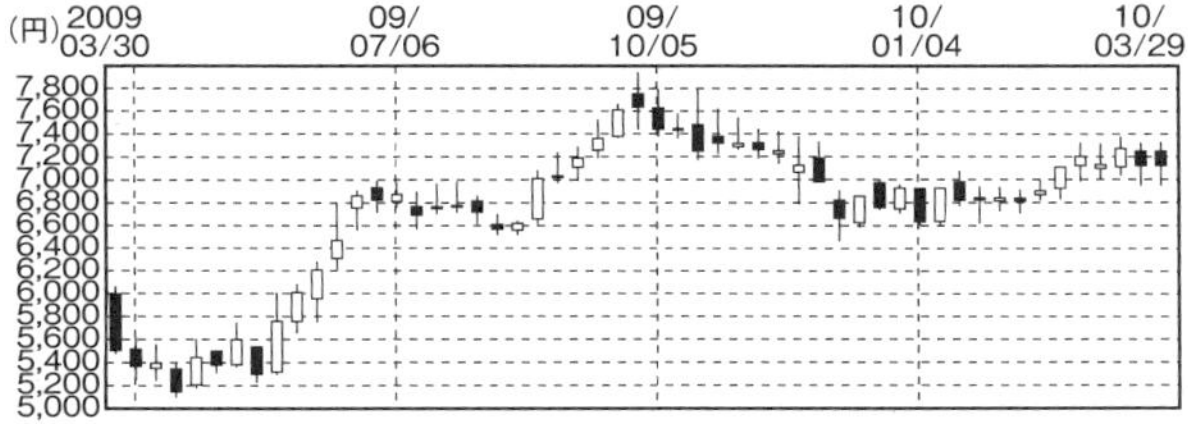


ユニ・チャーム

2009/04/01-2010/03/31

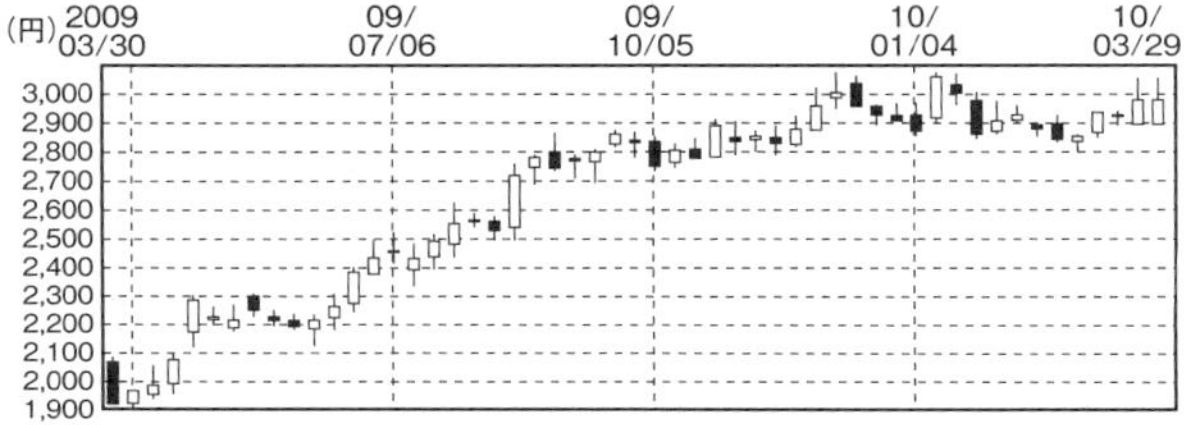


msnマネーをもとに作成

そうね。でも、3社とも上がったから、初めての投資にしてはうまくいったんじゃない？

それは勘違いや。日経平均も30％上がっていることを考えると、この一年は全体的に当たり年やったっていうことや。リーマン・ショックによって割安感が出た銘柄が、買い戻されただけとも見える。俺らは、まだまだヒヨッコやで。

謙虚な姿勢は、とても大事です。うぬぼれたら、足元をすくわれますね。

それにしても、投資ってとても深いところまで考えなきゃいけないのね。本当に勉強になったわ。

データに裏づけられた数値！　そして、それを正確に分析する能力！　これからの日本、さらには世界の大きな流れを見抜く洞察力！　これらは、すべて投資を成功させるために必要なものですね。

そうね、勤くんのいう通りだわ。私も、あの講義を受講して少しはそういった力が身についたかも。次こそは日経平均を上回る銘柄を探したいわ。

今回ユニ・チャームを選んだみたいに、業界も考えながら銘柄を比較しつつ、絞っていけばいいんやろな。そうすると、勘がいったような力が絶対必要になるなぁ。でも、今回の投資のおかげで、銘柄選びのポイントがだいぶわかった気がするで。

そうですね。あとは、どんどん投資していって経験値を増やしていけば、もっと的確な判断ができるようになるでしょうね。

私、株を勉強してみてよかったわ。最初の頃は、本当に自分が投資できるのかって少し不安だったけど、今ならちゃんと自分の目で細かくデータを見ていけば、必ずいい銘柄に出会える気がするもん。

ほんまや。やっぱ株式投資の醍醐味っていうのは、実際にやってみないとわからんよな。

いい先生に出会えたおかげで、株のおもしろさや奥深さを知ることができました。先生方に感謝しなければなりませんね。

これからも投資を続けていくことが、先生方への恩返しになるかしら。

せやな。教わったことを生かして、もっと経験を積まなあかん。先生たちよ、どうもおおきに〜。

# Lesson 5

# 負けない投資法を教えてください

## 負けない投資法7原則

株式投資において気をつけるべき7つの点を、改めて指摘しておきます。

なぜ、「儲けるための鉄則」「これだけ知っておけば成功する」というようなタイトルを避け、一見弱気にも見える「負けない投資法」という言葉を選んだのか。それは、株式投資で利益を上げることがそんなに簡単な、軽いことではないからです。

巷にはよく前者のような人目を惹くタイトルの本がありますが、簡単に儲けられるならすでに日本で株は大流行でしょうし、簡単に儲けられると信じて儲けが出なかったとき、または少なかったとき、そこには無用な焦りが生じ、投資家をさらに失敗へと導くことになります。

そこで、「株式投資において、大きく勝つことは少ないが、小さな勝ちを積み重ねて成功する方法」という意味を込めて、あえて「負けない投資法」を紹介します。この7点を心に留め、これからの投資家ライフを満喫してください。

## 負けない投資法7原則

その1．身近な銘柄を選ぶ
その2．ファンダメンタルを重視する
その3．分散投資をする
その4．ルールを作る
その5．余ったお金で投資する
その6．日々の情報に敏感になる
その7．自ら考えて投資する

## その1．身近な銘柄を選ぶ

最初は自分にとって身近な会社に投資しましょう。
自分にとって身近な会社の方が親近感が湧きます。また、それは投資意欲につながり、その会社に関連するニュース、例えば、新商品の発売が株価や業績にどのような影響を与えるか、わかりやすいはずです（男性は新発売の化粧品といわれても、ピンときませんよね）。

〈例〉・生活と切り離せないコンビニ・スーパーなどの小売業界
・免許を持っていたり、自動車に詳しいなら自動車業界
・ゲームが好き、はまりやすいならゲーム業界

## その２．ファンダメンタルを重視する

Ｌｅｓｓｏｎ２で習ったように、銘柄の分析には、ファンダメンタル分析とテクニカル分析があります。そして、市場における投資家は、大まかにこの２つのどちらを重視するかで、投資スタンスを区別することができます。

では、なぜファンダメンタル、つまり会社の業績や決算を重視するほうがよいのでしょうか。それは、そのほうが数字の裏づけがあり、安全な銘柄を選ぶことができるからです。いくらテクニカルにチャートを分析し、株価の流れがよくても、その会社が倒産してしまえばそれまでです。自分が投資したお金は返ってきません。

また、将来性や成長性により株価が動くという本来の仕組みからすれば、安定的に株価が上昇するのはファンダメンタル重視の分析によって選ばれた銘柄

です。

投資は自己責任です。財務体質の安定した、きちんとした銘柄を選びましょう（ただし、本書に挙げたテクニカル分析については、最低限必要なものです。これを怠ることは、株価の流れを無視することになりかねません）。

## その3．分散投資をする

分散投資とは、同じ業種内の複数の会社に投資をするのではなく、さまざまな業種の会社に投資をすることです。

なぜこの方法がいいのかというと、同業種だと、同じニュースや経済状況の変化に株価が反応して、どうしても株価の動きが似通ってしまうからです。

その業種が好調なときはいいのですが、不調な場合には、大きな損失を出してしまうというリスクが当然ついてくるので、賢い投資方法とはいえません。

投資している会社が多業種にわたっていると、一方が株価を下げていても、他方が上がっていれば損失を補う、または帳消しにしてくれます。損失を避ける、または少なくするためには、分散投資がいいでしょう。

## その4．ルールを作る

Ｌｅｓｓｏｎ１にもありましたが、いったん株価が上がりだすと、投資家は「もっと上がるんじゃないか」という、淡い期待を抱いてしまいがちです。しかし、実際はそんなにうまくはいきません。うまくいくどころか、株価が買値に戻ってしまったり、それ以下になってしまうこともあるのです。そうなってしまっては、どうしようもありません。

そうならないためにも、「買値の○％の利益が出たら売る」という自分の中で決まりごとを作り、利益を確定させておいたほうがいいでしょう。

逆のパターンもあります。株価がズルズル下がっていても、「いや、ここから反発して上がるはず」という思い込みからなかなか売却できず、結局大きな損を出してしまうのです。株価が下がったときも利益確定の場合と同様に、「買値の○%の損が出たら売る」というルールを作りましょう。

これらのルールに従うことで、短期・長期といった期間に縛られた投資をする必要がなくなり、損失を最小限にし、利益をしっかりものにする賢い投資が可能になります。

## その5．余ったお金で投資する

投資資金は、あくまで自分の所得から生活資金を除いたお金でやりましょう。

株式投資の利益だけで生活している人もいるようですが、そのような形で成功するのは、ごくわずかのエキスパートの人たちだけです。

普通に株式投資をしようという人にとって生活を賭けるということは、気持ちのゆとりをなくすことにつながります。ゆとりがなくなると、失敗の悪循環にはまることにもなりかねませんので、注意してください。

## その6．日々の情報に敏感になる

株式市場は経済情勢を反映したものです。そして、経済とは生き物であり、刻一刻と状況は変わっていきます。その流れをしっかりつかまない限り、株式投資における成功もないでしょう。

リアルタイムのニュースはインターネットの普及により、すぐ知ることができます。こまめにチェックしましょう。

そして、日経新聞を読みましょう。インターネットのニュースに比べると即時性は劣りますが、日経新聞はニュースの重要性などを加味した上で、紙面構成を行っていますし、新聞を読むということは、自ずと経済について考える習慣を与えてくれます。

インターネットと日経新聞をうまく活用し、経済・株に強くなりましょう。

## その7．自ら考えて投資をする

情報収集は大切ですが、情報を鵜呑みにしてはいけません。その情報が本当に正しいのか、他の情報源から同様の情報を集めて、事実を確認する必要があります。

さらに、その事実に対する見方も、人によって異なります。他人の意見に翻弄されず、自らが導き出した投資アイデア・判断を信じて、株式投資を行ないましょう。

ちょっと上級補講

## ざっくりＩＦＲＳ！

「ＩＦＲＳ」という単語を聞いたことはありますか？　最近は関連書籍がたくさん出ているので、書店で見かけたことがあるかもしれません。

　ＩＦＲＳとは、グローバル化の中で広がっている、国際的に統一された会計基準のことです。世界的に会計基準をＩＦＲＳへ統一しようとする動きが強くなってきたので、日本でもＩＦＲＳ採用が進められています。これに従い、本書でも扱った「損益計算書」も「包括利益計算書」に変わります。

　では、具体的に何が変わるのでしょうか？　ここでは、①**表示が変わる**、②**表だけでなく注記もチェックする**の2点に重点を置いて説明します。

　まず何よりイメージをつかむために、日本で初めてＩＦＲＳを任意適用した日本電波工業における日本基準とＩＦＲＳの違いを見てみましょう。

**日本基準** （単位：百万円）

| | |
|---|---|
| 売上総利益 | 14,677 |
| 営業利益 | 4,855 |
| 営業外収益 | 393 |
| 営業外費用 | 658 |
| 経常利益 | 4,591 |
| 特別利益 | 820 |
| 特別損失 | 1,558 |
| 税金等調整前当期純利益 | 3,854 |
| 法人税等 | -145 |
| 純利益 | 3,999 |

**IFRS** （単位：百万円）

| | |
|---|---|
| 売上総利益 | 14,584 |
| その他の営業収益 | 1,007 |
| その他の営業費用 | 1,809 |
| 営業利益 | 3,979 |
| 金融収益 | 712 |
| 金融費用 | 388 |
| 税金等調整前当期利益 | 4,303 |
| 法人所得税費用 | -33 |
| 純利益 | 4,377 |
| 税引後その他の包括損失 | -169 |
| 当期包括利益 | 4,167 |

※日本電波工業の2010年３月決算短信の情報をもとに、両基準の大きく違う点を挙げるために、連結損益計算書、連結包括利益計算書の一部を抜粋したもの

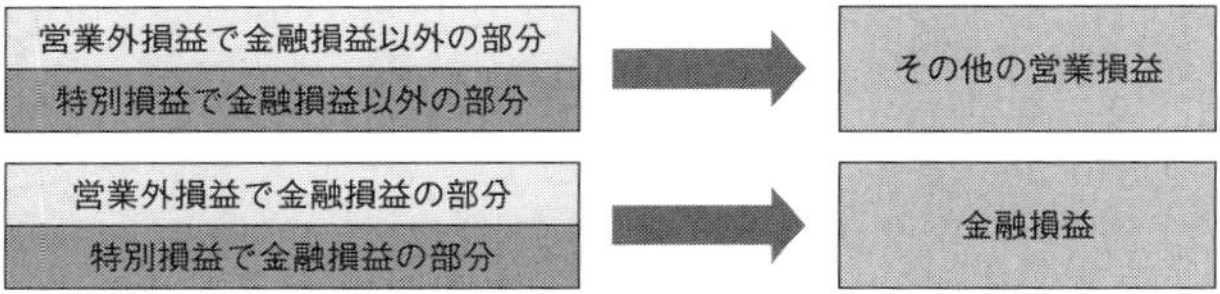

ＩＦＲＳ導入後は表示が大きく変化しています。とくに色のついた部分を見てください。ＩＦＲＳでは、日本基準に記載されていた「営業外収益」「営業外費用」「経常利益」「特別利益」「特別損失」がなくなり、「その他の営業収益」「その他の営業費用」「金融収益」「金融費用」の項目が追加されています。さらに、「当期包括利益」も純利益の下に新たに登場しています。

この形式からわかるように、ＩＦＲＳでは、純利益ではなく包括利益を計算することが最終目的となります。ただし、包括利益が投資家にとって便利な情報かどうかは会計学者の間でも議論が分かれています。当分は純利益重視の風潮は変わらないと考えられているので、包括利益が純利益の下に表示されているということだけ知っておけば、今のところはＯＫです。

さて、もっとも注目すべきは、営業利益や純利益といった、現在も重要視されている項目を算出するプロセスが異なることです。とくに、これまで「営業外収益」「営業外費用」「特別利益」「特別損失」とされていた部分が、「その他の営業収益」「その他の営業費用」と「金融収益」「金融費用」に分かれることに注意してください。

　このように、ＩＦＲＳと日本基準では営業損益や金融損益に関するとらえ方が違うことから、同じ営業利益でも数字や性質が異なるものとなります。

　日本電波工業の財務諸表によると、日本基準で「特別損失」に分類される和解費用が、ＩＦＲＳでは「その他の営業費用」とされています。他にも、「特別利益」に分類される固定資産売却益が「その他の営業収益」に、「特別損失」に分類される減損損失が「その他の営業費用」に分類されていたりと、異なる点は少なくありません。こうした影響から、ＩＦＲＳの営業利益は日本基準での営業利益より８億７６００万円も少ない39億７９００万円となっています。

　また、包括利益計算書を実際に見ればわかるのですが、損益計算書と比べて、とてもシンプルな表示となっています。例えば「その他の営業収益」の具体的な内訳は計算書自体には載っておらず、すぐ後に掲載される注記という部分に載っています。そのため、ＩＦＲＳによる財務諸表を見る際は、注記をよく見る癖をつける必要があります。

加えて注意しておくべき点は、同じ区分のところでも数値が異なるということです。例えば、先ほどの表の売上総利益は、日本基準が１４６億７７００万円であるのに対して、ＩＦＲＳでは１４５億８４００万円です。売上総利益までの区分は両基準とも同じであるのに、なぜ違いが生じるのでしょうか？

じつは、日本基準とＩＦＲＳでは表示の仕方だけでなく、ある事実を会計上どう処理するのかも異なるため、こうした違いが生まれます。今回の売上総利益の場合だと、日本基準では商品を出荷したタイミングで売上を計上するのに対して、ＩＦＲＳではおもにお客さんに商品が届いたタイミングで売上を計上するため、このような違いが発生しました。

以上、概説ですがＩＦＲＳと従来の日本基準の違いを見てきました。表示の区分が変わる点と、注記をチェックする点の２点を抑えておけば、今後の投資ライフも安心です。この２点は、損益計算書に限らず、貸借対照表にも同じことがいえるので、よく注意してＩＦＲＳに備えましょう！

# 特別付録

# クイズで身につく
# 株式投資力

ここまで株式投資について学んできたあなた！　ここからクイズでおさらいしてみましょう。

実際に株式投資を始めてみると、「こういう場合はどうすればいいんだ」「このニュースは、株にどんな影響を与えるんだ」と、さまざまな局面に立たされるはずです。この章のクイズ10問すべてを解けるようになれば、もし難しい局面に立たされたとしても、自分で考えて、選択する力がつくでしょう。

ファンダメンタル分析、テクニカル分析、そして日々のニュースを正しく分析する応用力を身につけ、これからの投資ライフに役立ててください。

## Question 1　指標を利用した銘柄選び（難易度　★★★☆☆）

証券口座を開設して入金も済ませたあなたは、さっそく株を買おうと銘柄選びを始めました。

「まずは自分の一番よく知っている業界の会社の株を買おう！」と思い、毎日利用しているコンビニの会社をピックアップ。そして、次の3つの会社まで絞りこみました。

以下の表は、イレブンスター、スイートマート、ハイソンの株価指標を示しています。

さて、あなたならどの会社の株を選びますか？

| | PBR | PER | 売上高成長率 | 自己資本比率 |
|---|---|---|---|---|
| イレブンスター | 2.5 | 30.4 | 18% | 75% |
| スイートマート | 3.4 | 35.4 | 10% | 50% |
| ハイソン | 2.3 | 45.4 | 12% | 70% |

①イレブンスターを購入
②スイートマートを購入
③ハイソンを購入

## 答　①

株価指標の見方を思い出しましょう。株価指標は3つの視点から見ることが大切です。それは、「割高か割安か？」「成長しているか？」「安定性はあるか？」です。

まず、PBR・PERを見て、その株が割高か割安かを判断します。PBRは株価純資産倍率、PERは株価収益率のことです。ともにその値が高ければ割高、低ければ割安と判断されます。

この場合は、
PBR
**スイートマート（＝3.4）＞イレブンスター（＝2.5）＞ハイソン（＝2.3）**
となり、ハイソンが一番割安になっていますが、イレブンスターも0.2しか違いがありません。さらに、
PER
**ハイソン（＝45.4）＞スイートマート（＝35.4）＞イレブンスター（＝30.4）**
ですから、イレブンスターが一番割安です。この2つの指標を総合的に見れば、イレブンスターが一番割安ということになりそうです。

さらに、売上高成長率を見ると、
**イレブンスター（＝18）＞ハイソン（＝12）＞スイートマート（＝10）**
と、イレブンスターがもっとも成長していると考えられます。

続けて、安定性を見ましょう。自己資本比率を見れば、その会社の財務体質が安定しているかどうかがわかります。今回の場合は、どの銘柄も50％を越えているので財務内容は健全といえます。

よって、3つの視点から、総合的に判断すると、割安で、成長性があり、潰れる心配のないイレブンスターを購入するのがいいということになります。

## Question 2 財務諸表の見方（難易度　★★★☆☆）

Ａくんは、銘柄選びのため、各社の企業業績がわかりやすく載っている、『会社四木報』を買いました。

（百万円）　（円）

| 業績 | 売上 | 営業利益 | 経常利益 | 利益 | 1株益（円） | 1株配（円） |
| --- | --- | --- | --- | --- | --- | --- |
| 08.3 | 29,736 | 12,662 | 12,820 | 6,776 | 46.6 | 6 |
| 09.3 | 37,607 | 15,843 | 16,099 | 7,956 | 55.1 | 6 |
| 10.3 四木報予想 | 50,000 | 25,000 | 23,800 | 13,000 | 91.0 | 12 |
| 中 9.9 | 24,865 | 10,463 | 10,150 | 5,891 | 41.3 | 0 |
| 10.3 会社予想 | 48,000 | 21,000 | 21,200 | 11,200 | 78.4 | 12 |

さて、業績を実際に見ていく際にこの表のどの部分を比較していけばいいでしょうか？　次のａ～ｃの空欄に入る適切な選択肢をそれぞれ選んでください。

まず、事業規模が拡大しているかを調べるためにａ（①売上高 ②経常利益）を見ます。ここで順調に増加していることが大前提です。もし減少しているのなら、この会社は利益を生む事業自体が小さくなってしまっているので、投資は控えるのが無難でしょう。

そして、前期までのデータを見て、業績がどれくらいのペースで伸びているか、大きなトレンドをつかみましょう。その上で、今期会社予想とｂ（①中間決算実績 ②前期実績）を比較して、業績予想が上方修正される可能性を見極めます。

もちろん、さまざまな見方が存在するためｃ（①会社予想 ②四木報予想）の部分も比較しておくことも必要です。

## 答　a・①　b・①　c・②

aの正解は①

まず、見るべき項目は売上高・営業利益・経常利益でしょう。いずれも前期と今期の比較をすることが大切になります。売上と利益が伸びていて、さらに増加率が上昇気味であれば、なおさらいい銘柄といえます。

また、前期まで減少傾向にあった数値が上昇に転じていれば、株価が大きく上がるチャンスだといえるでしょう。

bの正解は①

先ほど挙げた売上高・営業利益・経常利益以外でも、株価が反応しやすいものとして、業績の上方修正のニュースがあります。会社予想の部分を見て、それよりも利益が大きくなりそうであれば、上方修正されることを見越して株を先に買っておくのもいいでしょう。

cの正解は②

もちろん、会社予想などというのは会社側のコメントにすぎず、第三者である財務のプロの見解なども判断材料としたほうが確信が持てます。したがって、ここでも業績が上向いていれば、会社の業績トレンドについての判断はホンモノである可能性が高いでしょう。

**★ワンポイント★**

今回のように業績をわかりやすくまとめたものとして、『会社四季報』『株データブック』などの雑誌などがあります。決算書などには、株価指標が載っていなかったり、予想が過大になりがちであったりします。雑誌などをうまく利用して、信頼できる情報を手に入れるようにしましょう。

## Question 3　出来高を見る（難易度　★★★★☆）

株を買うタイミングはチャートからも見つけることができます。そして、チャートの下の棒グラフは出来高と呼ばれるもので、その期間内に株式がどれだけ取引されたのかを示していますが、これは株価とどのような関係があるのでしょうか？

msnマネーをもとに作成

次の出来高と株価の関係について述べている選択肢から間違っていると思われるものをひとつ選んでください。

①出来高が増加傾向で、株価も上昇しだしているときは、その銘柄の人気が上がりだしたということなので、買う。

②出来高が減少傾向で、株価が下げ止まっているときは、もう売り圧力が弱まったと考えられるので、買う。

③出来高が減少し始め、株価が高止まっているときは、今後より一段と買い圧力が強まると考えられるので、買う。

## 答　③

出来高は株式売買の取引量のことを示しています。そのため、その多寡によって株式の注目度を測ることができます。出来高の変化と株価の動きをあわせて考えることでうまく買いのタイミングが見つかることがあります。

①正しいです。
株価が上昇傾向のときは「出来高＝人気の程度→増加しているなら買い圧力が強い」となることが多いです。

②正しいです。
①とは逆に株価が下降傾向のときは「出来高＝不人気の程度→増加しているなら売り圧力が強い」となることが多いです。この場合には、株価を下げる力が弱ってきたと考えられ、株価は下降局面から上昇局面へと転換する可能性が高いです。

③誤りです。
株価が上昇後一定の水準で推移したまま出来高が減少を始めると、株価は上昇局面から下降局面へと転換する可能性が高いです。よって、今後強まるのは「売り圧力」となります。

## Question 4 信用取引高を見る（難易度　★★★★★）

信用取引には、信用買いと信用売りの2種類があります。そして下図は信用買いを説明したものです。

**信用買い**

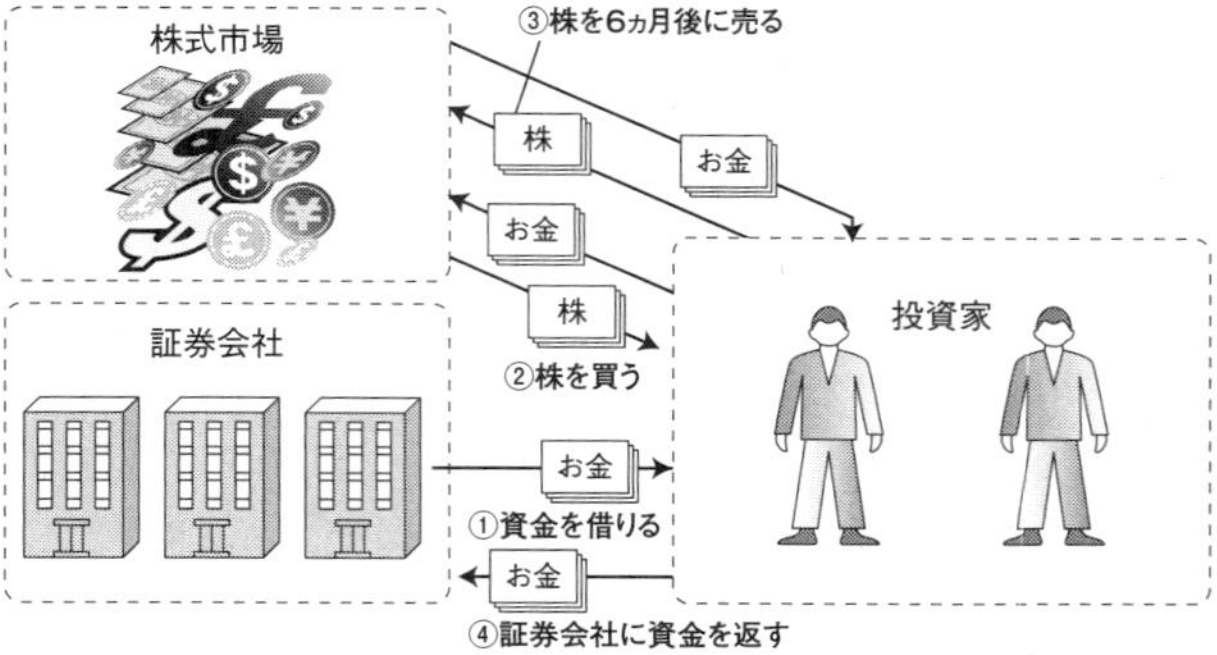


実際に信用買いがどの程度行なわれているのかを示す指標を信用買い残といいます。信用買い残とは上図の①で借りた資金額を指します。

下の図の点線で囲まれてる部分で信用買い残が増加していることが確認できます。

信用買い残の増加がこの先の株価に与える影響を説明した選択肢を下の2つから選んでください。

①株には売り圧力がかかり、株価は下がる傾向にある。
②株には買い圧力がかかり、株価は上がる傾向にある。

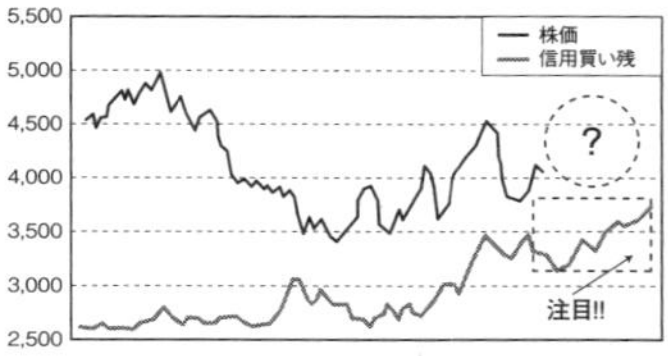

# 答　①

信用買いにより買い注文が増え、足元の株価は上がる、と思われるかもしれません。

しかし、問題文でも説明したように、信用買いは一定期間の後に持っている株を売ってお金を返さなければいけないので将来的な株価の動きを考える場合は①の「株に売り圧力がかかり、株価は下がる傾向にある」が正解です。②の「株に買い圧力がかかり、株価は上がる傾向にある。」は、信用売りの説明になるので、間違いです。

では、信用売りはどういう取引なのかを補足説明しておきましょう。

実際に信用売りがどの程度行われているのかを示す指標を、信用売り残といいます。信用売り残とは下図の①で借りた株の総額を指します。信用売り残というのは持っている株を売って、お金を返さないといけないので、①の「株に売り圧力がかかり、株価は下がる傾向にある。」が正解です。

信用買い残、信用売り残の急激な変化は株価に大きな影響を与えるので、注意して見ておきましょう。

**信用売り(空売り)**

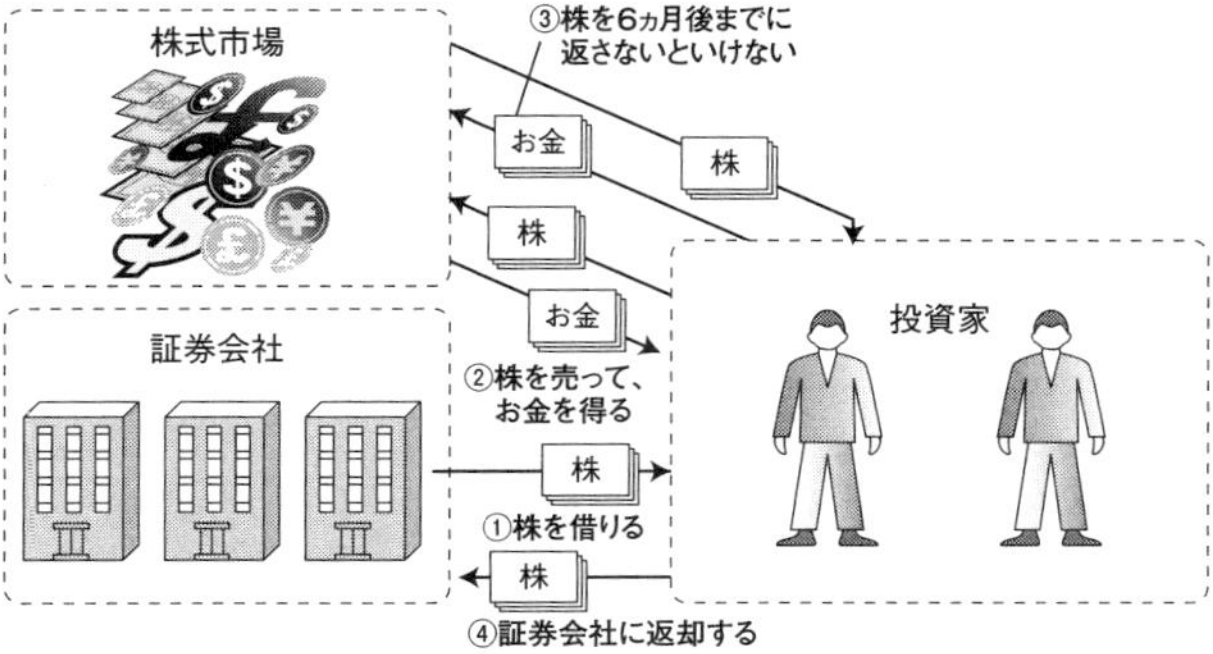

## Question 5　増資（難易度　★★★★☆）

　繊維の研究開発を手掛ける東ルは、公募増資と新株の発行を発表しました。
　増資というのは会社が資金を調達するときに使われる手段で、今回は公募なので一般の投資家からお金を集めています。そして、新しく株式を発行しお金と引き換えに売り渡すという仕組みになっています。

　このニュースで東ルの株価は短期的にはどういう影響を受けたでしょうか？　以下のチャートを参考に下の２つから選んでください。

2010/05/10-2010/06/09

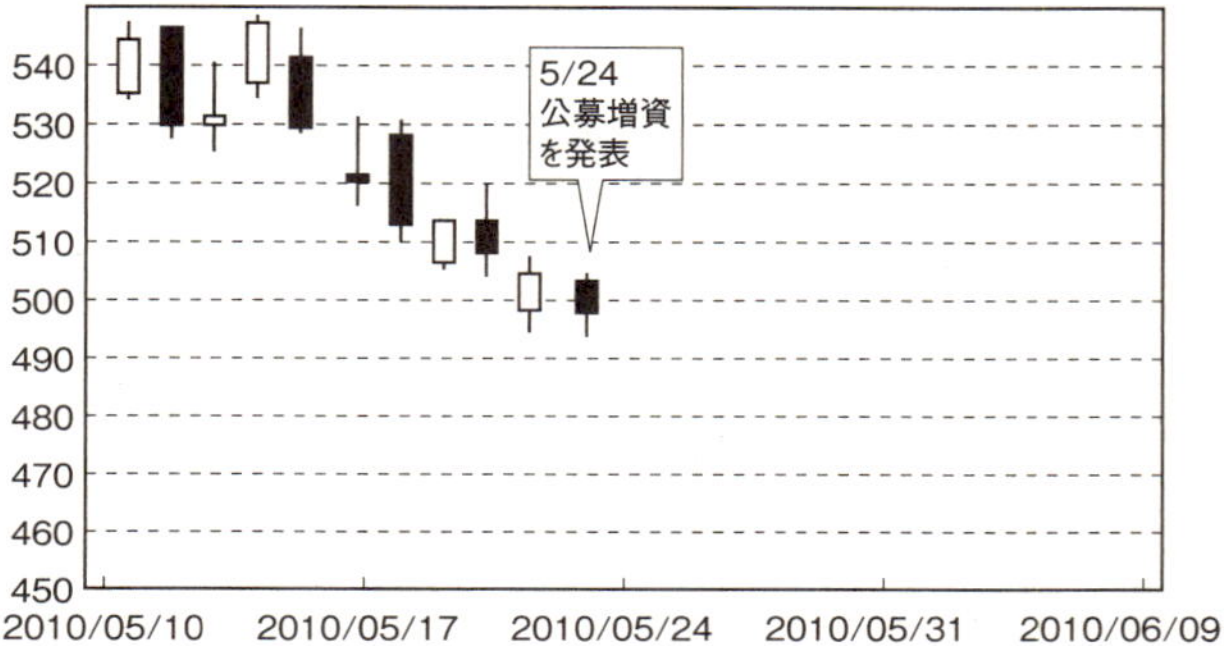


①増資によって会社がお金を手に入れ、事業への投資など有効活用されることを通じて業績が上向くと考えられるため、株価は上昇する。
②増資で株数が増え、今までの株主にとっては１株当たりの利益が減ることになり、株主にとっては損失となる。よって、株価は下落する。

## 答　②

　増資によって新たに調達した資金は、会社のさらなる成長に使われるため、その成長を見越して株価が上昇すると思われたかもしれません。

　しかし実際には、増資によって株数が増えたことで１株当たり当期純利益が減少するため、もともと株を持っていた投資家はそれを嫌って発表後に売ってしまう傾向にあります。

　これによって、短期的に株価は大きく下落するので、答えは②になります。

　ただし、増資によって得た資金を、画期的な新製品の開発費に回すなどのニュースがあれば、株価にとってプラス要因になりえます。

　増資は短期的には株価下落、長期的には株価上昇の可能性があるといえるので、増資発表には十分注意しましょう。

2010/05/10-2010/06/09

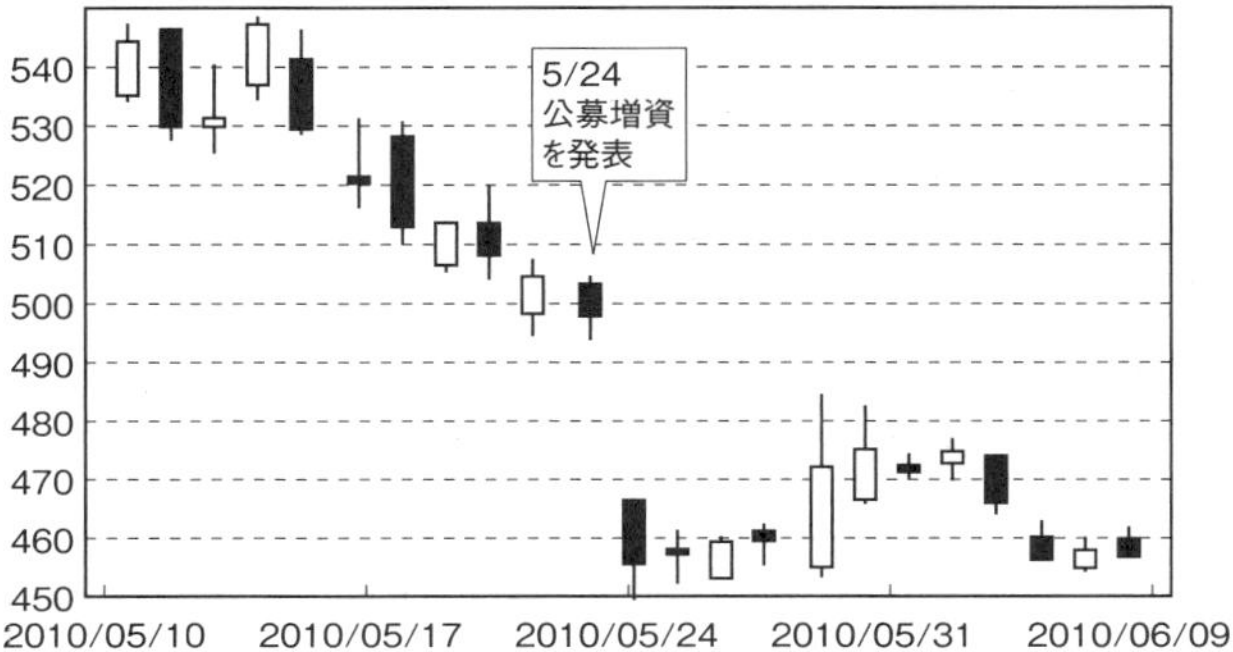

## Question 6　海外情勢の影響（難易度　★★★★☆）

業界ごとに調べてみると、自動車業界が好調であることがわかりました。とくに国内自動車メーカー最大手の豊川自動車と、同じく国内自動車メーカー大手のみすゞ自動車の２つの銘柄の業績がいいので、どちらかを購入することにしました。

自動車生産台数が世界１位の豊川自動車は、輸出が好調で、過去最高の売上高を更新しました。国内の他の自動車メーカーに差をつけ、トップシェアを維持しています。一方、みすゞ自動車は国内を中心にしつつも海外にも積極的に出ていき、好調を維持しています。

両社の海外売上高の比率は以下の通りです。

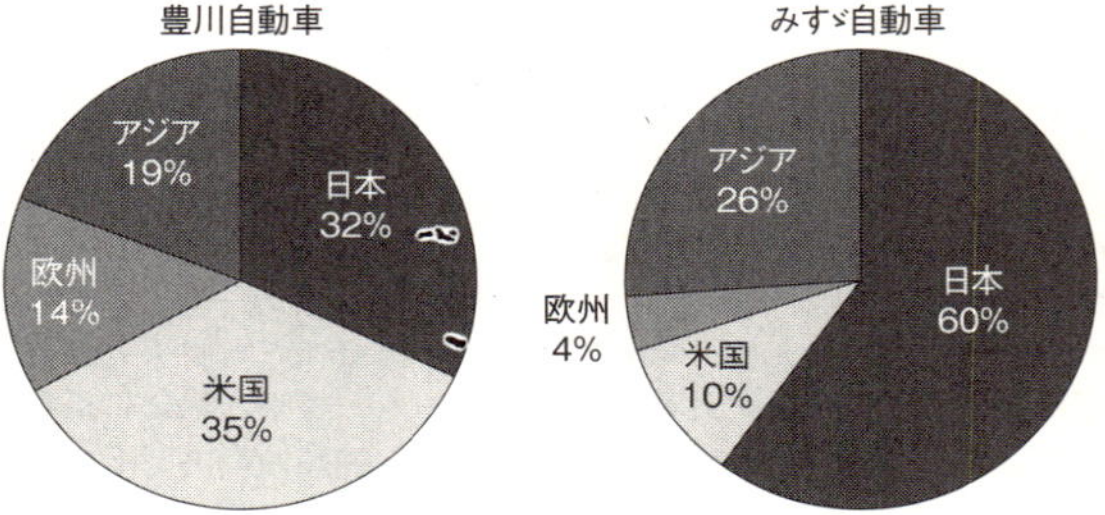


両社とも業績がよく、またPERといった指標でもともに良好な数値が出ていることから、あなたはどちらを買うか悩んでいました。

しかし、ここで新たなニュースが入ってきました。それによると、日本を含むアジアの消費が活発な一方で、欧米の消費が冷え込みそうだということです。

では、ここで選択肢を選んで下さい。あなたならどちらの銘柄を買いますか？

①豊川自動車株を購入
②みすゞ自動車株を購入

## 答　②

少子高齢化社会のため国内市場は縮小していくと見られています。日本の会社でも、国内市場にしがみつかず、これまで以上に積極的に海外へ輸出攻勢をしかける会社が増えてきました。

そうすると、同じような業績を出していても、その売上をどの国からあげたかで、その会社が抱えるリスクは違うものになることに注意しなければなりません。

例えば、今回の問題では、同じように好調な会社でも、グラフを見ると、豊川自動車が欧米に売上高で49%依存しているのに対して、みすゞ自動車は14%にとどまります。逆に、みすゞ自動車がアジアに売上高の26%を依存しているのに対して、豊川自動車では19%となっています。

つまり、海外売上においては比較的、豊川自動車は欧米、とくに米国に依存していて、みすゞ自動車はアジアに依存しているといえます。そのため、欧米が不調で、アジアが好調だと、みすゞ自動車の株価の方が上昇すると考えられるのです。

豊川自動車の株も、「業績がいいのになぜ下がるの？」と不思議に思われるかもしれませんが、株価とは過去の業績よりも将来の期待を表すものなので、たとえ最近の業績がよくても、将来の業績に不安を感じさせるようなニュースが出ると、短期的には株価が下がることが多いのです。

このように、株を買う際には、アメリカ・ヨーロッパ・アジアといった海外情勢に注意する必要があります。とくにアメリカや中国など大国の動向は、その国だけでなく世界経済全体にも影響を及ぼすので注意が必要です。

なお、今回のような海外売上の比率は各会社の財務諸表の注記のセグメント情報というところに記載されているので、気になった際はすぐチェックするようにしましょう。

## Question 7　為替と株の関係（難易度　★★★☆☆）

デジカメや複写機の製造を主力事業にしているチャノンの株を買いました。チャノンは国際優良銘柄として知られ、いくつかの製品は世界トップシェアを誇っています。

チャノンのような海外に製品を輸出して大きな利益を出している輸出関連会社は、とくに為替に注意しなくてはいけないと本に書いてあったので、為替相場に関する記事をたくさん読みました。現在のレートは1ドル＝115円なのですが、アメリカ経済の失速で円が強くなり1ドル＝105円まで円高が進みそうとの見方が大半を占めています。

円高・ドル安になると、チャノンの業績、ひいては株価にどういった影響を与えるのでしょうか？

①円高・ドル安になると、チャノンの業績が悪くなり、株価は下がる。
②円高・ドル安になると、チャノンの業績が良くなり、株価は上がる。
③円高・ドル安になっても、チャノン業績には影響がなく、株価は変わらない。

## 答　①

チャノン海外輸出が、商品の代金として100万ドルを受け取る契約になっていたとします。1ドル＝115円から1ドル＝105円まで円高が進んだとすると、1ドル＝115円だったときは100万×115＝1億1,500万円もらえるはずだったのが、1ドル＝105円になったときには、100万×105＝1億500万円しか受け取れなくなってしまい、1,000万円の損失が出てしまいます。よって、チャノンは減益が見込まれ、株価が下がるのです。

取引先としては同じ100万ドルを払っているのですが、代金を受け取る方は、為替レートの変化によるリスクを抱えています。とくに、輸出関連会社については注意が必要でしょう。日本でいえば、自動車・電機関連が輸出関連会社に当たります。

逆に内需中心・輸入関連会社は、為替の動きによる影響が輸出会社と逆になるので、これも併せて注意しておきましょう。例えば、内需中心会社であれば繊維など、輸入関連会社では原油などの原材料を海外から調達する会社が挙げられます。

## Question 8 買収した会社に注意せよ（難易度　★★★★☆）

あなたは成長著しい新興ＩＴベンチャーを物色していました。そこで、ハイテクルという画像処理ソフト販売会社に目をつけました。

ハイテクルの連結ベースにおける業績推移

| | 2010年3月期 | 2011年3月期 |
|---|---|---|
| 連結売上高 | 730億円 | 1000億円 |
| 連結当期純利益 | 80億円 | 120億円 |

先日ハイテクルは、ソフト会社テツコの買収を発表しました。テツコは赤字体質で、本来なら買収の対象になるとは考えられません。しかしハイテクルは、テツコの持っている先端技術を手に入れて、自社の画像編集技術を補完しようという思惑のもと買収に踏み切りました。

合併後の今期、ハイテクルの連結業績は順調です。しかし財務に詳しい友人が、「子会社のテツコの業績があまりにも悪すぎるので、買収したハイテクルの財務も危険だ」とアドバイスしてくれました。

テツコの財務諸表

| 費目 | 2010年3月期 | 2011年3月期 |
|---|---|---|
| 売上高 | 120億円 | 100億円 |
| 営業利益 | ▲20億円 | ▲40億円 |
| 当期純利益 | ▲32億円 | 10億円 |
| 総資産 | 200億円 | 140億円 |

テツコの財務諸表をよく見てみると、資本がほとんどなく負債だらけで、財務内容から判断すれば破綻寸前といえます。

さて、あなたはここで、親会社の連結業績、子会社の業績どちらを信じればよいのでしょうか？

①子会社のテツコの業績は不安材料だが、親会社のハイテクルの業績さえよければ問題ないので、株を購入する。
②テツコが赤字ばかりで業績の悪さは深刻であり、合併後にはテツコの業績がハイテクルを圧迫し危険だと思われるので株を買わない。

## 答　②

テツコの財務諸表を見ていると、2010年3月期については営業利益・当期純利益ともに赤字が出ています。一方、2011年3月期については、当期純利益がプラスに転じています。

これは経営者が財務諸表のうち当期純利益だけでもよく見せようとして、資産を売却したことによると考えられます。総資産の激減がこれを物語っており、実際、本業で得た利益を表す営業利益は更に悪化しています。

この場合のように、業績の悪い子会社を買収したときには注意してください。第2章ではごまかしを防ぐためのものとして連結決算を紹介しましたが、連結決算だけでは本当の会社の財務状況が見えないこともあります。

また、買収に限らず、重要な関連会社・子会社の業績にも注意が必要です。

## Question 9　金利と株価の関係（難易度　★★★★☆）

金融政策決定会合が行なわれ、日銀が金利を2％から1％へ引き下げました。

金融政策決定会合とは、金融市場の調節方針など、日本銀行の金融政策の運営方針を決定する会議で、総裁と2人の副総裁、6人の審議委員のメンバーで話し合われ、月に1～2回程度開かれるものです。

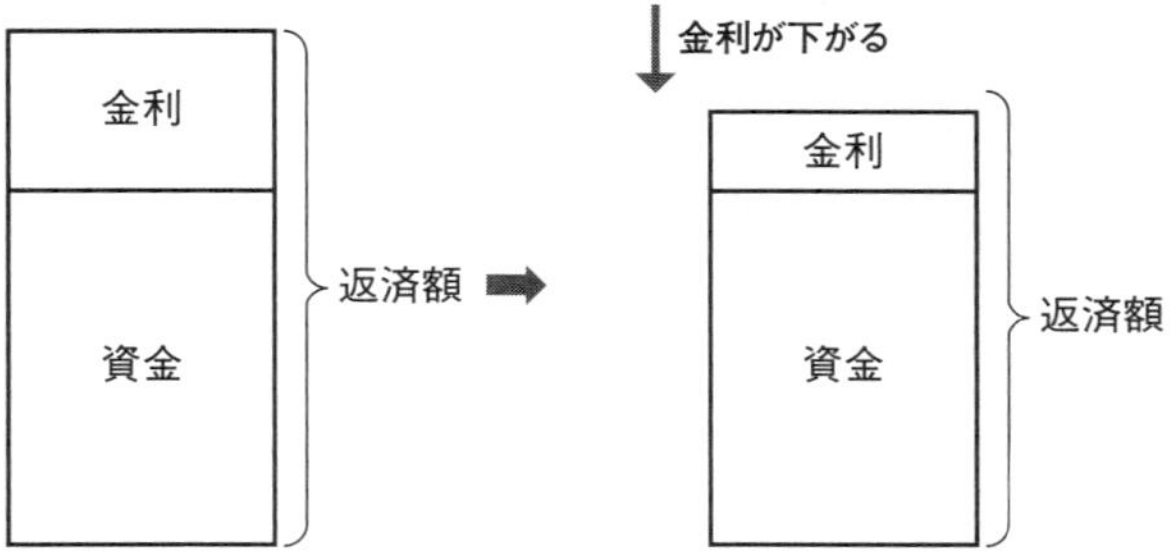


金利が下げられたことで、以前よりも利息が減るため、会社は資金の借入がしやすくなります。この政策によって、株式市場はどういう動きを見せるでしょうか？

①金利が下がったことで資金を調達しやすくなり、それにより設備投資を行ない、業績が向上し株価も上がる。
②金利が下がったことで資金を多く調達し、そのぶん有利子負債が増え、業績が悪化し株価が下げる。

## 答　①

金利と株価は一見関係がないように思えますが、金利の上下変動は、会社の設備投資に影響を与えます。

金利が下がることで設備投資が活発になれば、株価上昇につながります。一方、金利が上昇し設備投資が控えられれば、株価下落を招くことになります。

したがって、これらを判断するためには日本の金利政策の大きなトレンドをつかまなくてはなりません。とくに、金融政策決定会合などの重要会議には注意が必要です。

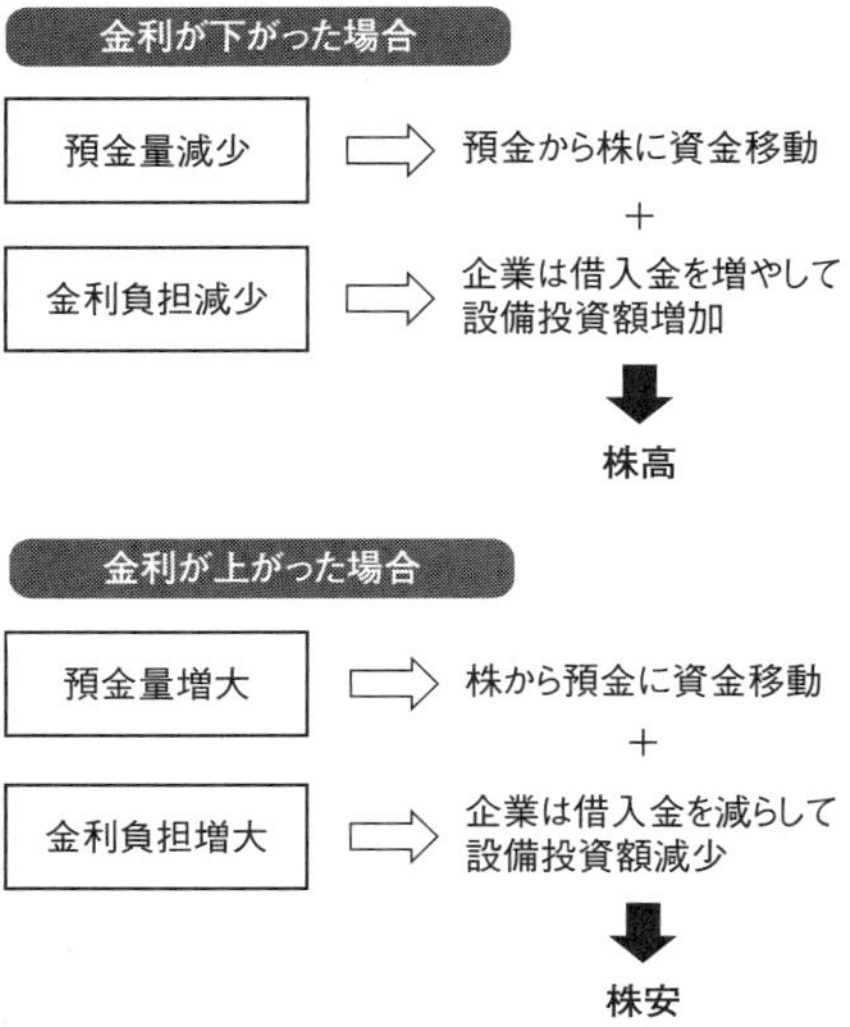

## Question 10 PERにだまされるな!!（難易度　★★★★☆）

割安な株を探し、いくつかの銘柄をピックアップしてみました。その結果、下田電気・西急電鉄・日本製鋼の3つの銘柄の中から、どれか1銘柄を買おうと考えています。以下の表は、下田電気、西急電鉄、日本製鋼の指標をまとめたものです。

あなたなら、この3つの銘柄のうちどの銘柄を買いますか？

| 銘柄名 | PER/業種平均PER | 決算発表による今期売上高伸び率（前年比） | 自己資本比率 | 第三者である、アナリストによる来期予想売上高伸び率 |
|---|---|---|---|---|
| 下田電気 | 6.0/14.5 | +2.2% | 54% | -5.4% |
| 西急電鉄 | 15.3/12.8 | +3.4% | 24% | +3.1% |
| 日本製鋼 | 23.7/24.2 | +5.4% | 63% | +11.7% |

①下田電気
②西急電鉄
③日本製鋼

## 答　③

割安銘柄を買う際には、とくに業績予想に注意が必要です。

この場合は、①の下田電気が業種平均PER14.5と比べてPER6.0となっており、もっとも割安な銘柄といえます。

しかし、会社発表の今期売上高伸び率が＋2.2％であったにもかかわらず、アナリストによる来期予想が－5.4％になっているのを見ればわかるように、今後の業績に大きな不安があります。

それに対して、③の日本製鋼はPERが23.7となっており、この指標だけを見ると必ずしも割安とはいえません。しかし、業種平均PERを下廻っていますし、また、業績を見てみると今期売上高伸び率で①の下田電気を上回っているだけでなく、来期予想についても大きな成長性が見込まれています。

このようにして考えると、PERの割安性に惑わされるのではなく、しっかりとした業績面での裏づけが必要であることがわかります。

したがってこの３つの銘柄の中では、③の日本製鋼を買うべきでしょう。

## おわりに〜文庫化にあたって〜

数多く出版されている株の本の中から、私たちの本を選んで手に取っていただき、本当にありがとうございます。

世界を襲った未曾有《みぞう》の金融危機から2年半。当時のマーケットを覆っていた絶望的な悲観ムードは後退し、新興国を中心とした新たな世界経済の姿が少しずつ見え始めてきているように思えます。

本書が初めて出版されたのは２００４年のことです。それから、本当にたくさんの方々のご支持をいただき、この度、改訂・文庫化させていただくことになりました。

この間、多くの会社が新たに産声を上げる一方で、多くの会社がその歴史に幕を閉じ、株式市場を取り巻く環境も大きな変化を繰り返してきました。しかし、それでも、株式投資においてもっとも大事な部分は何も変わっていないと私たちは考えています。それは、自分で調べ、分析し、考え、そして投資する銘柄を選び出すということです。

自分のお金を自分で運用するというのは、非常にエキサイティングでおもしろいことですが、最初の一歩を踏み出しにくいことでもあります。そこで、「株式投資に興味はあるけど、どうやって始めればいいのかよくわからない……」という方々の応援を少しでもできればと、株式投資を始めるにあたって絶対に知っておきたいことを説明しつつ、あくまで実践重視の入門書を目指して改訂させていただきました。

株式投資にはさまざまな方法があり、絶対の答えがない世界です。そんな中で、本書が皆様の水先案内人となって、少しでも皆様の株式投資のお役に立ち、株式投資のおもしろさ・素晴らしさを伝えることができれば、それが私たちにとって何よりの喜びです。

最後となりましたが、今回の改訂にあたってご尽力いただいたPHP文庫出版部の中村悠志さん、中野真弓さんを筆頭に、本書の執筆・改訂にご協力いただいた方々、また、勉強会などで私たちを指導してくださっているすべての方々に、この場を借りて心より御礼申し上げます。

東京大学株式投資クラブAgents　一同

## た行



## な行



## は行



## ま行

## さ行

# 索　引

## あ行



## か行

著者紹介
**東京大学株式投資クラブAgents**
2002年に発足した、東大生のみのメンバーからなる株式投資クラブ。株式投資を通じて、経済・政治をはじめとする社会情勢を学び、世界の動きを感じとり、多様な人と出会うことを目標とする。レポートの発表や講師を招いての勉強会、企業訪問を行う一方、学生投資家という立場を活かし、学生を含む金融のアマチュアと金融の世界との仲介人（Agent）になれればという思いで、学園祭などで講演会を主催したり、メディア活動をしたりと、対外的な活動にも力を注ぐ。著書に『東大生が本気で考えた！　勝ち抜くための株の本』（中経出版）、『東大生が書いた「まずはこれだけ！」世界の経済』（大和書房）がある。
本書は、本クラブにおける４期生の村上礼、５期生の石原圭祐、６期生の小野真吾が共同で文庫化を担当した。

東京大学株式投資クラブAgentsの公式サイト
http://www.ut-agents.com/

この作品は、2004年６月にインデックス・コミュニケーションズから刊行された『東大生が書いたやさしい株の教科書』を改題し、大幅に加筆・改筆の上、再編集したものです。

ＰＨＰ文庫　東大生が書いた世界一やさしい株の教科書

2011年７月22日　第１版第１刷
2015年９月３日　第１版第11刷

著　者　東京大学株式投資クラブAgents
発行者　小林成彦
発行所　株式会社ＰＨＰ研究所
東京本部　〒135-8137 江東区豊洲5-6-52
文庫出版部　☎03-3520-9617（編集）
普及一部　☎03-3520-9630（販売）
京都本部　〒601-8411 京都市南区西九条北ノ内町11
PHP INTERFACE　http://www.php.co.jp/
組　版　朝日メディアインターナショナル株式会社
印刷所
製本所　共同印刷株式会社


ISBN978-4-569-67665-4